LES MORTS ET LES VIVANTS

ENTRETIENS

SUR LES

COMMUNICATIONS D'OUTRE-TOMBE

PAR LE P. A. MATIGNON
de la Compagnie de Jésus.

PARIS

ADRIEN LE CLERE ET Cte, LIBRAIRES-ÉDITEURS

IMPRIMEURS DE N. S. P. LE PAPE ET DE L'ARCHEVÊCHÉ DE PARIS

Rue Cassette, 29, près Saint-Sulpice.

1862

LES MORTS ET LES VIVANTS

ENTRETIENS

SUR LES

COMMUNICATIONS D'OUTRE-TOMBE

PARIS. IMP. ADRIEN LE CLERE, RUE CASSETTE, 29.

LES MORTS ET LES VIVANTS

ENTRETIENS

SUR LES

COMMUNICATIONS D'OUTRE-TOMBE

PAR LE P. A. MATIGNON

de la Compagnie de Jésus.

PARIS

ADRIEN LE CLERE ET Cⁱᵉ, LIBRAIRES-ÉDITEURS

IMPRIMEURS DE N. S. P. LE PAPE ET DE L'ARCHEVÊCHÉ DE PARIS

Rue Cassette, 29, près Saint-Sulpice.

—

1862

PRÉFACE.

Au mois de septembre dernier, en publiant l'ouvrage qui a pour titre : *La Question du Surnaturel*, je cédai aux instances que l'on me faisait pour ajouter aux considérations sur *la Grâce* et *le Merveilleux* un rapide aperçu sur *le Spiritisme*. Ce livre s'est promptement répandu dans le public, et nous croyons savoir qu'il a contribué à éclairer bon nombre des lecteurs instruits auxquels il s'adresse.

Mais il s'en faut qu'il ait pu atteindre l'erreur partout où elle se rencontre. A chaque instant, nous trouvons des chrétiens de bonne foi, des femmes adonnées à la piété qui se sont laissé troubler étrangement par les manifestations qu'on leur raconte. Plusieurs, poussés par la curiosité, se mettent sans scrupule à converser avec les esprits; d'autres pensent même, en le faisant, accomplir une œuvre utile et méritoire; on en voit qui se recommandent aux prières des assemblées spirites ou à celles des mystérieux interlocuteurs. C'est là qu'on vient chercher des lumières dans ses doutes, des consultations dans ses maladies, des consolations après la mort de personnes aimées; un père, une mère trompent leur douleur en recourant à un *médium* qui doit les mettre en rapport avec l'enfant qu'ils ont perdu.

Ainsi, la manie des communications d'outre-tombe est loin de s'être éteinte ou d'avoir diminué parmi nous. Il y a quelques années, peut-être on en faisait plus de bruit; aujourd'hui, sans en parler autant, on les pratique davantage. Paris a conservé ses séances hebdomadaires, où l'on peut être reçu, pourvu qu'on soit *sympathique* aux esprits (1). Dans les provinces, il n'est guère de grands centres de population où il n'y ait quelque réunion semblable : Lyon, Bordeaux, Metz et beaucoup d'autres villes ont des comités organisés et permanents. Une active propagande s'exerce ; de petits opuscules résumant la doctrine sont répandus par milliers ; des hommes riches et influents pensent rendre service aux populations des campagnes en introduisant parmi elles l'habitude d'évoquer les morts, en les dotant de la faculté précieuse de converser avec les âmes. Nous pourrions citer tel diocèse où les curés, effrayés de ces envahissements, ne savent

---

(1) Nous lisons dans le règlement de la société parisienne des études spirites : « La société n'admet comme auditeurs que les personnes aspirant à devenir membres, ou qui sont sympathiques à ses travaux. L'admission doit être refusée d'une manière absolue à quiconque n'y serait attiré que par un motif de curiosité, ou dont les opinions seraient hostiles. »

à quel moyen recourir pour y mettre des bornes; tel autre, où les confesseurs, étonnés de récits auxquels leurs oreilles n'étaient point accoutumées, hésitent sur la conduite à tenir et réclament quelque écrit sur ces matières.

Dans cet état de choses, des personnages haut placés dans l'Eglise, et dont les désirs doivent être considérés par nous comme des ordres, nous ont prié de faire une brochure courte, claire, substantielle, qui pût fixer un peu les idées des fidèles et résoudre un *cas de conscience* devenu très-actuel et très–pratique.

Notre devoir était de répondre à une confiance si honorable, quoique si peu méritée. La forme du dialogue, plus populaire et plus propre à la discussion, nous a paru convenir au but qu'on se proposait: nous avons adopté le dialogue.

Quant à la scène, elle n'est point de notre invention. La situation est prise dans la vie réelle, dans les conditions mêmes

qui se reproduisent tous les jours. Aussi
les deux personnages que nous introdui-
sons devant le lecteur, ne parlent point
un langage de convention ; ils représen-
tent fidèlement les convictions opposées.
L'un est un chrétien sincère, mais qui
s'est pris d'un bel enthousiasme pour les
nouveaux procédés ; il est de toutes les
expériences, il aime les communications
avec les esprits, et il pense allier parfaitement sa foi et son devoir avec les doctrines
et les pratiques du spiritisme. L'autre est
un théologien sérieux, pas trop intolé-
rant néanmoins, ni trop janséniste ; sans
manquer d'égards pour ceux dont il ne
partage pas les idées, il ne saurait se re-
lâcher d'un iota, dès qu'il s'agit de morale
ou d'orthodoxie.

Ces interlocuteurs mis en présence, notre tâche était de nous effacer le plus possible et de les laisser parler comme on doit
supposer qu'ils le font d'ordinaire. Le premier a pour lui les idées qui dominent dans

les réunions dont il est membre, les explications fournies par les coryphées du parti:
car il a lu leurs ouvrages et les possède;
il a surtout un goût décidé pour les expériences spirites, et se sent attaché de cœur
à des pratiques qui lui permettent, à ce
qu'il croit, de retrouver ceux qui ne sont
plus. Le second, après avoir étudié toutes
ces choses, les juge d'après les principes
de la science sacrée et d'après les Lettres
pastorales d'un grand nombre d'évêques
sur ce sujet. La doctrine des actes officiels
émanés de l'autorité religieuse fait le fond
de ses réponses; mais comme il ne peut
citer à chaque instant, sous peine de cou-
per sans cesse le dialogue, nous avons
pensé qu'il valait mieux rejeter la plupart
de ces morceaux à la fin du volume. Les
Pièces justificatives renferment donc un
extrait des principaux Mandements de nos
prélats concernant le spiritisme.

Bien des objections, sans doute, s'élè-
veront contre cet écrit. Il en est qui blâ-

meront peut–être l'idée même qui l'a inspiré. A quoi bon, diront-ils, abaisser la théologie à s'occuper de ces choses futiles? N'est–ce point donner trop d'importance à un système né d'hier, et qu'il vaudrait mieux laisser mourir de sa belle mort? Le silence est l'arme la plus convenable que la religion puisse employer contre de tels adversaires; les combattre ouvertement, c'est leur donner de la vie, et le bruit qui se fera autour de l'erreur n'aura pour résultat que de la répandre davantage.

A ceux qui penseraient ainsi nous n'avons qu'une réponse à faire : l'autorité épiscopale a pris l'initiative, elle n'a pas craint d'ébruiter en parlant, elle n'a pas cru déchoir en discutant. Sans doute, pour les hommes sensés, il y a quelque chose de puéril dans l'agitation d'une table ou dans la pantomime d'un médium; mais quiconque a lu les ouvrages des Pères sait que, pour réfuter les hérésies de

leur temps, ils descendaient à des détails
bien plus minutieux et bien moins dignes en apparence. Rien ne leur semblait
petit quand il s'agissait de la cause des
âmes. Or, c'est elle que nous avons surtout
en vue dans cette circonstance, parce que
c'est elle que le zèle des pasteurs nous a
recommandée.

D'autres trouveront, comme ils l'ont
fait remarquer déjà, que nous admettons
trop facilement la réalité des phénomènes
et leur caractère surnaturel. Ici je dirai
franchement que je n'ai point cru avoir
à m'étendre sur cette question. Les évêques dont la parole appuie la mienne, s'é-
taient livrés à de longues investigations
avant de prononcer. On peut voir en particulier dans l'extrait de la Circulaire du
savant et saint évêque du Mans, Mgr Bouvier, avec quelle circonspection il avait procédé en cette matière. Ce n'était point à
nous de contrôler le jugement de nos supérieurs et de nos Pères dans la foi. Du

reste, en faisant une large part à la mystification et au charlatanisme, assez, de
faits certains étaient venus à notre connaissance personnelle pour ne nous laisser à cet égard aucun doute. Ces faits et
autres semblables nous ne les avons pas
rappelés ici; ceux qui en voudraient voir
la nomenclature la pourront trouver dans
ce que nous avons écrit précédemment.

Un dernier mot. C'est assez l'usage
dans ces sortes de discussions que l'opposant finisse par se convertir et faire
amende honorable. Comme le mien n'est
point un être fictif, mais un personnage
réel et vivant, dans lequel plus d'un lecteur pourra, jusqu'à un certain point, se
reconnaître, je n'ai pas pris sur moi de lui
mettre dans la bouche une résolution
qu'il me suffit de lui faire naître dans le
cœur. Assurément il peut se rendre le
témoignage d'avoir été un avocat con-
sciencieux, et d'avoir soutenu la cause des
esprits autant et plus peut-être qu'un ca-

tholique ne pouvait le faire. Éclairé désormais sur les points principaux, ayant
vu se fermer devant lui toutes les portes
échappatoires par lesquelles il se flattait
d'éviter les réprobations de sa foi et de sau-
ver son orthodoxie, quel parti prendra-t-il?
Va-t-il poursuivre dans la même voie? ou
renoncera-t-il aux équivoques satisfac-
tions que jusque-là il avait cru pouvoir se
permettre? C'est à lui de se déterminer;
la tâche de son contradicteur est ache-
vée, on ne peut plus désormais que le
laisser à sa conscience. Après tout, si le
partisan des esprits éprouvait encore des
hésitations, je lui conseillerais de relire,
de méditer les documents qui lui sont mis
sous les yeux. Il y verra que l'Eglise,
sans avoir, il est vrai, porté un jugement
formel et définitif, a néanmoins suffisamment exprimé sa pensée par ses or-
ganes naturels, à savoir les prélats chargés d'instruire et de gouverner le peuple
chrétien.

Pour nous, c'est à l'expression de cette pensée que nous consacrons cet opuscule, où nous n'avons d'autre désir que de la reproduire fidèlement, tout en formulant une conviction personnelle confirmée par des faits nombreux et indubitables.

LES MORTS ET LES VIVANTS

ENTRETIENS

SUR LES

COMMUNICATIONS D'OUTRE-TOMBE

PREMIER ENTRETIEN.

L'ESPRIT QUI PARLE.

Le Théologien. Êtes-vous bien sûr que l'esprit qui vous parle soit celui de l'enfant que vous pleurez ?

Le Spirite (1). Oui, Monsieur, je n'en saurais

(1) En adoptant cette dénomination, nous ne prétendons pas prendre parti pour un des deux camps opposés. Il y a à Paris la *Revue Spirite* et la *Revue spiritualiste* : celle-ci se plaint du barbarisme créé par celle-là, et prétend que *point n'était besoin d'y recourir, puisqu'il y avait dans notre langue une expression parfaitement appropriée à l'ordre de faits qui constituent les manifestations nouvelles.* Passe encore, ajoute-t-elle, si on s'était appelé *spirituistes,* mais *spirites, spiritisme* sont des mots mal sonnants qui scandalisent les oreilles les moins délicates. Laissons à d'autres le soin de terminer ce dé-

douter un instant, et voilà pourquoi ces communications ont pour moi tant de charmes.
Retrouver après la mort ceux que nous avons
perdus, renouer des relations même au delà
du tombeau, et nous sentir dans la compagnie
des personnes qui nous ont été les plus chères,
avouez que c'est là un bonheur inappréciable.
Quant à moi, j'aurais donné ma vie pour en
jouir; et puisque le spiritisme me procure ces
avantages, je serais bien ingrat si je ne le re-
gardais comme l'œuvre de Dieu et de sa providence.

Le Théologien. Vous ne trouverez pas mauvais que je ne partage pas encore tous vos sentiments à cet égard. J'aime avant tout à voir
clair dans les procédés nouveaux, et il reste ici
pour moi certaines obscurités qui m'empêchent
d'éprouver votre enthousiasme. Convaincu

---

bat philologique et le schisme qu'il cause parmi les partisans
des esprits. Pour nous, visant à la clarté, nous ne pouvons
nous servir d'un mot évidemment équivoque, et nous pre-
nons, sous toutes réserves, celui qu'on nous a le plus accou-
tumé à entendre. D'ailleurs le terme de *spiritualisme* ne sert
qu'à mêler ensemble les choses les plus disparates, par exemple l'*Art de magnétiser* avec les *Révélations* de la sœur Em-
merich, l'*Encyclopédie magnétique* avec le *Traité du discer-
nement des esprits* du card. Bona, etc., etc.

comme vous paraissez l'être, vous n'aurez pas de peine, sans doute, à résoudre mes difficultés, à dissiper mes scrupules.

Le Spirite. Quand nous avons affaire à des hommes exempts de préjugés ou disposés favorablement pour la doctrine, elle entre d'elle-même dans leurs esprits, et ils ne peuvent longtemps se refuser à croire.

Le Théologien. J'ai ouï dire que vous n'aimiez pas les savants.

Le Spirite. Ceux que l'on appelle ainsi sont souvent des hommes pleins d'eux-mêmes et qui mettent leur gloire dans leur incrédulité. Ils penseraient déchoir, s'ils reconnaissaient autre chose que ce qu'ils ont rencontré au bout de leurs instruments ou de leurs abstraites formules. Au reste, quand ils combattent le spiritisme, ils nient ce qu'ils ignorent ; et s'ils l'ignorent c'est bien leur faute ; car les expériences sont accessibles à tous ; et d'ailleurs, chacun peut, s'il le désire, les répéter en particulier pour son propre compte.

Le Théologien. Cependant on m'a assuré que vous aviez toujours refusé les épreuves qui devaient avoir lieu devant les corps savants, ou devant les commissions formées pour examiner la réalité des phénomènes. Plusieurs de ceux qui cherchaient à s'instruire, après avoir longtemps suivi vos séances, en sont revenus persuadés qu'en tout cela il n'y avait rien que de très-naturel, si ce n'est peut-être un peu d'adresse et de supercherie.

Le Spirite. Monsieur, parlons franchement. Vous savez comme moi qu'il y a aujourd'hui bon nombre d'hommes décidés avant tout à bannir le surnaturel de l'ordre des réalités. Partant de ce principe que rien ne se passe dans le monde si ce n'est en vertu des lois ordinaires, et qu'un fait en dehors de ces lois est aussi impossible qu'un cercle carré, ils s'obstinent à demeurer incrédules devant les manifestations spirites, comme ils le sont en présence des miracles chrétiens. Nous n'avons point la prétention de convaincre les personnes de mauvaise foi, puisque Dieu lui-même ne les convertit pas. Jésus-Christ n'a-t-il pas dit dans l'Évangile que quand même ils verraient les morts ressuscités, cela ne les amènerait pas à croire? Nous autres, nous ne ressuscitons pas les morts, mais nous les mettons en état de converser avec les vivants. Si nous n'avons pas toujours accepté les propositions qu'on nous a faites, c'est que nous savions d'avance que nous aurions à lutter contre des partis pris et contre des préventions obstinées.

Plusieurs expériences ont échoué, c'est possible ; il suffit que d'autres réussissent certainement pour prouver la vérité du spiritisme. N'oublions pas que nous avons à évoquer des esprits, et qu'on ne leur commande pas suivant ses caprices. Ils ne sont également disposés ni toujours ni pour tous. Les croiriez-vous tenus de se montrer à heure fixe, comme l'étoile que l'astronome attend à l'extrémité de sa lunette ?

Enfin, Monsieur, s'il s'est mêlé parfois du charlatanisme et de la contrefaçon à nos pratiques, c'est qu'on abuse de tout dans le monde. De même qu'il y a de faux dévots, il peut bien y avoir de faux spirites ; vous ne voudriez pas, pour un tartufe qui se rencontrera par hasard, envelopper dans une même condamnation tous ceux qui font profession de piété ; serait-il juste de juger d'après un ou deux jongleurs tous les partisans sérieux des communications d'outre-tombe ?

Le Théologien. Non, je ne vous rends point solidaires de tous les mensonges qui se débitent au nom de votre doctrine. Je m'attache à vos interprètes les plus autorisés, à ceux qui se donnent comme vos chefs et qui sont acceptés généralement comme tels. C'est précisément en lisant leurs écrits que j'ai senti mes doutes s'accroître.

Le Spirite. Ceci me surprend, car, pour moi, j'y trouve au contraire de quoi faire évanouir toutes les incertitudes.

Le Théologien. Voyons un peu, s'il vous plaît. Vous me dites donc que vous avez bien et dûment constaté que l'esprit auquel vous parliez était celui de votre fille.

Le Spirite. Assurément.

Le Théologien. Mais à quels signes le reconnaissez-vous ?

Le Spirite. Tout se réunit pour le montrer. C'est le caractère de mon enfant, ce sont ses idées, ses tours de phrase, son orthographe même et jusqu'à son écriture. Les réponses ont reproduit des secrets de famille qui n'étaient connus que d'elle et de nous. Au milieu d'une assemblée toute étrangère, par l'organe d'un *médium* qui ne l'avait jamais vue, on me dépeignait ses traits, sa démarche et toutes les circonstances de sa vie. En un mot, je l'aurais contemplée elle-même, en personne, que ma conviction ne serait pas plus entière.

Le Théologien. Je comprends. Tenez, je vois là sur votre table un des livres qui, sans doute, vous sont les plus chers. Me permettriez-vous de vous en lire un ou deux passages ?

Le Spirite. Avec plaisir.

Le Théologien. Cette autorité ne saurait vous être suspecte. M. Allan Kardec (si toutefois c'est là son vrai nom) est le patriarche et comme le pontife du spiritisme. C'est lui qui en garde les archives, lui qui en rédige les manifestes, lui qui en encourage la propagande. Consultons-le sur la question d'identité :

« Un fait démontré par l'observation et confirmé par les esprits eux-mêmes, c'est que les esprits inférieurs empruntent souvent des noms connus et révérés..... Le doute existe parmi certains adeptes très-fervents de la doctrine spirite ; ils admettent l'intervention et la manifestation des esprits, mais ils se demandent quel contrôle on peut avoir de leur identité (1). »

Les esprits inférieurs dont il parle sont les esprits impurs, méchants, railleurs, tapageurs, etc. Voyez ce qu'il en dit dans un autre endroit.

« La rouerie des esprits mystificateurs dépasse quelquefois tout ce qu'on peut imaginer... On ne doit jamais se laisser éblouir par les noms que prennent les esprits pour donner une apparence de vérité à leurs paroles (2). »

Il dit encore : « La question de l'identité est une des plus controversées, même parmi les adeptes du spiritisme ; c'est qu'en effet les esprits ne nous apportent pas un acte de notoriété, et l'on sait avec quelle facilité certains d'entre eux prennent des noms d'emprunt ; aussi, après l'obsession, est-ce une des plus grandes difficultés du spiritisme pratique (3). »

D'après cela, comment pouvez-vous bien

(1) M. Allan Kardec, *le Livre des Esprits. Préface.*
(2) Id., *le Livre des Médiums,* p. 427. 1re édit.
(3) M. Allan Kardec, *le Livre des Médiums.,* p. 362. 2e édit.

vous flatter d'être complétement à l'abri d'une mystification ?

Le Spirite. La chose est très-simple. Un père ne se méprend pas au langage de son enfant. Je vous l'ai dit, ce sont ses idées, ses sentiments et même sa signature.

Le Théologien. Pour ce qui est de la signature, voici ce que je lis dans le même auteur :

« Nous avons dit que l'écriture du médium change généralement avec l'esprit évoqué, et que cette écriture se reproduit exactement la même chaque fois que le même esprit se présente. On a constaté maintes fois que, pour les personnes mortes depuis peu surtout, cette écriture a une ressemblance frappante avec celle de la personne en son vivant ; on a vu des signatures d'une exactitude parfaite. *Nous sommes, du reste, loin de donner ce fait comme une règle et surtout comme constant ;* nous le mentionnons comme une chose digne de remarque (1). »

Si je ne m'abuse, il suit de là que l'écriture n'est pas du tout un signe certain pour discerner les esprits.

_____

(1) *Le Livre des Esprits. Préface.*

Le Spirite. Vous devriez en conclure tout le
contraire. Puisque l'esprit change souvent l'é-
criture du médium, puisqu'il y substitue la
sienne, il est bien clair alors que c'est lui qui
répond et non pas un autre.

Le Théologien. Ce qui me semble plus clair,
c'est que le médium obéit à une action étrangère. Mais puisque l'esprit qui se sert de sa
main peut prendre telle écriture ou telle autre,
il en a donc plusieurs à son service. Et s'il en
a plusieurs, pourquoi ne pourrait-il, avec un
peu de talent, imiter celle d'une personne con-
nue? Nous voyons des calligraphes fort experts
en ce genre d'exercice, et apparemment, parmi
les esprits, les plus malins ne leur cèdent guère
en habileté. Aussi M. Allan Kardec avoue-t-il
franchement qu'il y a des *faussaires* dans
le monde spirite tout comme dans le nôtre.

« On peut ranger parmi les preuves d'identité la similitude de l'écriture et de la signature ; mais outre qu'il n'est pas donné à tous
les médiums d'obtenir ce résultat, ce n'est pas
toujours une garantie suffisante : il y a des
faussaires dans le monde des esprits comme
dans celui-ci ; ce n'est donc qu'une présomp-

tion d'identité, qui n'acquiert de valeur que par les circonstances qui l'accompagnent..... La meilleure de toutes les preuves d'identité est dans le langage et dans les circonstances fortuites.

« On dira que si un esprit peut imiter une signature, il peut tout aussi bien imiter le langage, cela est vrai ; nous en avons vu qui prenaient effrontément le nom du Christ, et, pour donner le change, simulaient le style évangélique et prodiguaient à tort et à travers ces mots bien connus : *En vérité, en vérité je vous le dis*, etc... Que de médiums ont eu des communications apocryphes signées Jésus, Marie, ou d'un saint vénéré (1)! »

Le Spirite. Celui qui me parle n'est point un esprit de mensonge ; c'est ce que démontre tout l'ensemble de son caractère. Si vous voyiez comme ses réponses sont empreintes de piété, comme tout y est conforme à la vertu et à la sagesse ! Certes, si le doute pouvait subsister après de telles preuves, il n'est plus personne à qui j'oserais me fier. Je ne suis pas moins sûr, en lui parlant, d'avoir affaire à une

(1) *Le Livre des Médiums*, p. 333. 2ᵉ édit.

âme honnête, que je ne suis certain, en conversant avec vous, de parler au meilleur de mes amis, en même temps qu'à un homme digne de tous mes respects.

Le Théologien. Merci mille fois de vos bons sentiments. Mais si vous ne pouviez pas plus compter sur moi que sur vos esprits, je m'estimerais fort en danger de les perdre.

Le Spirite. Et comment?

Le Théologien. Parce que je persiste à nier que vous puissiez avoir rien de positif relativement à la personne qui vous parle.

Le Spirite. Voilà qui est curieux.

Le Théologien. Supposons pour un moment qu'un de ces esprits que vos docteurs appellent malins, espiègles, tapageurs, ait l'intention de s'amuser à vos dépens. Le voilà qui s'étudie à reproduire le langage et les sentiments de votre fille, à imiter sa signature, en un mot, à la copier trait pour trait dans sa conversation. Au moment de l'expérience, le lutin est à son poste et se contrefait si bien que vous êtes pris au piége. Vous croyez converser avec l'âme de votre enfant, et vous n'êtes en rapport qu'avec un fourbe qui vous exploite.

Le Spirite. Et à quel dessein, s'il vous plaît?

Le Théologien. A quel dessein? Vos livres nous disent que les esprits trompeurs n'ont point de plus grand plaisir que d'abuser les hommes.

Le Spirite. Vous oubliez qu'il y a dans ces manifestations des circonstances intimes, des détails de famille connus seulement de mon enfant, et qui écartent toute possibilité de supercherie.

Le Théologien. Les âmes, d'après votre système, sont répandues dans l'air et errent sans cesse autour de nous (1). Bien des choses que vous croyez soustraites à tous les yeux n'échappent point à leur attention. Si loin qu'elles se trouvent, elles entendent, dites-vous, notre appel et y répondent. Il n'est donc nullement impossible qu'un esprit étranger ait connaissance des choses que vous regardez comme secrètes. S'il n'en a pas été personnellement té-

(1) *Le Livre des Esprits*, ch. IV, n. 46 — *Ibid.*, n. 119. « Pouvons-nous dissimuler quelques-uns de nos actes aux esprits? — Non, ni actes ni pensées. — D'après cela il semblerait plus facile de cacher une chose à une personne vivante que nous ne pouvons le faire après sa mort. — Certainement, et quand vous vous croyez bien cachés, vous avez souvent à côté de vous une foule d'esprits qui vous voient. » Cf. n. 419.

moin, d'autres, aussi méchants que lui, ont pu les lui révéler. Il arrive ainsi armé de toutes pièces ; sa leçon est si bien apprise que vous ne le trouverez pas en défaut, d'autant plus qu'il lui est toujours facile de se tirer d'affaire en se retranchant dans la dignité du silence.

Le Spirite. Mais c'est là une hypothèse absurde, dénuée de toute vraisemblance et à laquelle on ne peut s'arrêter.

Le Théologien. Dans les principes chrétiens que vous admettez comme moi, cette supposition est très-raisonnable ; elle repose sur les plus solides fondements ; car nous savons que les esprits mauvais se déguisent pour nous abuser, qu'ils savent même au besoin se transformer en anges de lumière.

Le Spirite. Les principes chrétiens m'apprennent, en même temps, que rien n'arrive en ce monde sans la permission du Père céleste. Comment la Providence souffrirait-elle que les esprits vinssent en son nom nous induire en erreur ? Remarquez-le, c'est en employant le saint nom de Dieu, c'est sous les auspices de la prière que l'évocation se fait ; en sorte que, s'il y avait erreur, ce serait Dieu lui-même qui de-

vrait être accusé d'imposture. Vous le voyez,
il n'est pas possible d'admettre qu'un esprit
trompeur prenne la place de l'âme que nous
attendons.

Le Théologien. Ce que je vois, c'est que
toutes ces considérations ne sont guère ras-
surantes. Vous priez; mais parmi les promesses faites à la prière, en trouvez-vous une
seule qui vous mette en droit d'attendre
d'elle de semblables choses? Quand est-ce que
Dieu nous a déclaré qu'il suffirait d'invoquer
son nom pour voir les esprits accourir vers
nous, et répondre aux questions qu'il nous
plairait de leur adresser? Sa fidélité n'est
donc nullement engagée dans toutes ces choses. Est-ce qu'il est obligé d'écarter des périls où nous jettent uniquement une vaine curiosité et une impardonnable imprudence?
Non. C'est à tort que l'on compte sur la Providence lorsqu'on sort des voies qu'elle a
elle-même tracées. Vouloir l'y faire intervenir, c'est tenter Dieu; y employer son nom,
c'est le profaner, en le mêlant à des pratiques
superstitieuses; déclarer sa solidarité engagée
dans le résultat, c'est s'abuser soi-même et se

prédestiner à toutes les illusions.

Le Spirite. En vérité, vous me feriez peur, si je n'avais pour moi le témoignage de ma conscience.

Le Théologien. Je désire qu'elle soit aussi éclairée que je la crois sincère. Du reste, n'anticipons pas sur un sujet qui vraisemblablement reviendra plus tard dans nos entretiens. En ce moment, je me borne à une seule demande. Donnez-moi un indice clair, évident, auquel je puisse reconnaître l'esprit qui parle.

Le Spirite. Mais, Monsieur, ceux que nous avons énumérés ne vous paraissent-ils point suffisants?

Le Théologien. Non, sans doute. Vous avez pu constater vous-même comme ils laissent le champ libre à des hypothèses fort plausibles et qui renversent toute sécurité.

Le Spirite. On n'en demande pas tant pour constater l'identité d'un de nos semblables.

Le Théologien. Le cas est bien différent. Par exemple : je vois un homme, je puis l'étudier dans ses actions, le suivre dans toute sa conduite ; non-seulement je le connais extérieurement, mais je puis finir par être com-

plétement édifié sur ses mœurs et sur son caractère. Au contraire, cet être mystérieux qui
ne s'exprime que par signes et que je ne vois
pas, cet esprit dont je ne sais rien sinon sur
le témoignage qu'il se rend à lui-même, est-il
bien réellement ce qu'il se dit, ou joue-t-il un
rôle devant moi? suis-je témoin d'une révélation sérieuse, ou suis-je dupe de la plus triste
comédie? Voilà mon doute. Si vous m'en pouvez tirer, je vous en serai reconnaissant. Seulement je réclame que vous n'étendiez pas
aux esprits le privilége que nous accordons si
gracieusement à nos voisins d'outre-mer, je
veux dire le droit de débarquer et de voyager
sans passe-port au milieu de nous. Car pour ces
hôtes d'un autre monde, un peu de rigueur
est nécessaire; il faut avoir leur signalement,
nous devons exiger qu'ils nous prouvent clai-
rement leur identité.

Le Spirite. Oui, du moins quand cette question a de l'importance. Mais pourquoi refusez-
vous de vous en rapporter à leur parole?

Le Théologien. Vous savez si cela suffit lorsqu'il s'agit d'un inconnu. La prudence la plus
vulgaire veut qu'il exhibe des pièces à l'appui

de ses assertions, ou qu'il se réclame de personnes dignes de toute confiance. Mais vos esprits, quelle garantie nous offrent-ils ? Ils savent, dites-vous, beaucoup de choses : j'en conviens. Ils ont les manières, le langage de ceux dont ils prennent le nom : c'est possible. Ces preuves suffiraient, en certains cas, pour prouver l'identité, s'il s'agissait de personnes vivantes ; mais avec les morts il faut apporter un peu plus de façons, parce qu'ici la mystification est infiniment plus facile. Tant que vous ne m'aurez pas montré qu'on ne peut supposer une substitution, je soutiens que vous ne sauriez avoir aucune assurance raisonnable.

Le Spirite. Votre logique est cruelle. A quoi bon rompre un charme si propre à consoler la douleur ? Quoi ! Monsieur, vous enviez à un père, à une mère, cette persuasion si douce qu'ils peuvent encore converser avec l'âme d'un enfant dont la perte a assombri leur existence ! Après tout, quand même il y aurait péril de quelque illusion, ne voyez-vous pas qu'elle est de celles qui ne peuvent entraîner aucune suite fâcheuse ? elle aura pour effet unique de cicatriser les blessures du cœur, de soulager la tristesse. Ministre d'un Dieu de charité, laissez, laissez à ceux qui pleurent l'espoir de retrouver quelquefois les objets de leur tendresse. Il est trop dur de venir vous placer entre ces âmes qui se comprennent et se répondent, pour y jeter un doute plein d'amertume, pour y faire naître un soupçon capable d'étouffer toute joie.

Le Théologien. Ah! Monsieur, que je vous laisserais volontiers en possession de la vôtre, si cette conduite ne me paraissait mille fois plus cruelle encore.

Le Spirite. Comment l'entendez-vous?

Le Théologien. Écoutez. Je suppose que votre fille, au lieu d'avoir été ravie à votre affection à l'âge de quinze ans, soit tombée dès le berceau aux mains d'une cruelle nourrice qui, voulant assurer l'avenir de sa propre enfant, ait tramé et accompli un horrrible échange. Celle qui vous appartient a disparu, elle est enfermée peut-être loin du jour et de la lumière; pendant ce temps, sa pauvre mère couvre de ses baisers et presse sur son cœur le fruit d'un sein étranger; vous-même, vous, le père de cette infortunée, vous enveloppez votre amour une créature qui n'a rien commun avec votre sang ; à elle iront vos biens et votre héritage. Ah! je le demande, si quelqu'un avait connaissance de cette affreuse substitution, au nom de l'humanité ne serait-il pas tenu de la découvrir ?

Le Spirite. J'en conviens, mais quel rapport...

Le Théologien. Le rapport est frappant. Catholique, aussi bien que moi, vous admettez assurément l'existence du purgatoire ; vous n'ignorez pas que pour être admis au baiser éternel du Père céleste, il faut être pur comme les rayons du soleil, et que peu d'âmes échappent à la nécessité de subir, quelque temps du moins, les peines expiatoires. Sommes-nous certains que votre enfant, si innocente d'ailleurs, en soit entièrement délivrée? Or, tandis qu'elle souffre peut-être loin de son Dieu et loin de vous, un autre vient ici tenir sa place dans vos affections, vous amuser par de beaux discours, peut-être vous tromper sur son sort et vous persuader tout le contraire du vrai. J'ai vu, Monsieur, un de ces prétendus esprits jeter

dans le désespoir une femme chrétienne en
prenant le nom de sa sœur, ange de piété et
de vertu, pour lui faire croire qu'elle était dam-
née. Et vous ne voulez pas que nous appelions
la lumière sur ces mystères de ténèbres ? Vous
prétendez que nous laissions les sentiments les
plus nobles et les plus sacrés du cœur humain
prendre le change, s'égarer en embrassant de
vains fantômes. Des fantômes ! que dis-je ? des
êtres corrompus, malfaisants , de ces esprits
inférieurs , comme vous les appelez , qui ne
trouvent leur bonheur que dans la tromperie
et dans le mensonge. Ah ! quand il n'y aurait
point d'autre péril , ce serait certes pour nous
un devoir de démasquer l'imposture. Vos docteurs eux-mêmes admettent qu'on ne peut
prouver l'identité que *jusqu'à un certain
point* (1), ce qui veut dire qu'il y a toujours du
doute et de l'incertitude. Quelle consolation
peut subsister avec ce doute? quelle joie sérieuse est compatible avec cette incertitude ?
Je ne sais si l'interlocuteur caché qui me ré-

(1) *Le Livre des Esprits. Préface.* — « Avouons que, malgré
tout, les esprits malveillants peuvent tenter de nous tromper.
Les substitutions ne sont pas rares. » (Dr Grand, *Lettre d'un
cathol. sur le spirit.*, p. 107.)

pond est l'âme de mon ami ou s'il n'est p
un esprit pervers, et je m'estimerais heureux
de converser avec lui! Quant à moi, Monsieur,
ce n'est point là que je chercherai un adoucis-
sement à mes larmes.

Les exercices religieux m'offrent un moyen
sûr d'entrer en communication avec mes chers
défunts. Sont-ils souffrants, je les soulage par
ma prière ; sont-ils heureux, je communie en
quelque sorte à leur félicité par mon amour. Là
point d'illusion possible ; tout est certitude,
tout est vérité, tandis qu'au contraire ces
ombres que vous faites passer devant moi, si
elles cachent quelque réalité, peuvent bien
recouvrir des personnages dont la seule pensée
fait horreur, et qui, considérés de plus près,
me glaceraient d'épouvante.

Le Spirite. Ces appréhensions, je les parta-
gerais avec vous, si nous n'avions un moyen
infaillible de nous tirer du doute qui vous tra-
vaille.

Le Théologien. Ce moyen, quel est-il?

Le Spirite. Très-simple et très-facile. Mais
comme je prévois qu'il soulèvera encore
quelque discussion, permettez que nous

remettions notre conversation à demain.

Le Théologien. Volontiers ; la nuit porte conseil. Les esprits en profiteront sans doute pour venir remercier leur avocat et lui fournir de nouvelles armes.

IIᵉ ENTRETIEN.

LA DOCTRINE.

Le Théologien. Je viens, Monsieur, vous rappeler votre promesse de me donner un signe certain pour reconnaître l'esprit qui répond à vos questions.

Le Spirite. Rien de plus aisé que de vous satisfaire. Vous-même, vous n'avez point oublié quel était entre nous l'objet de la discussion.

Le Théologien. Non, sans doute.

Le Spirite. L'hypothèse que vous m'opposiez, c'est qu'un esprit pourrait bien prendre la place d'un autre.

Le Théologien. Oui.

Le Spirite. Et cette substitution ne saurait être l'œuvre que d'un esprit méchant et trompeur.

Le Théologien. Assurément.

Le Spirite. Dans ce cas, disiez-vous, nous n'aurions aucun contrôle infaillible pour distinguer le vrai du faux, et discerner, sans crainte d'erreur, le personnage auquel nous avons affaire.

Le Théologien. C'est cela.

Le Spirite. D'où vous tiriez comme conclusion que, la supercherie étant possible, nous ne devons jamais nous fier à ce que nous entendons, ni nous laisser prendre aux noms dont les esprits se décorent.

Le Théologien. On ne pouvait mieux résumer notre conversation précédente.

Le Spirite. Eh bien, Monsieur, j'ai l'honneur de vous dire que tout ce raisonnement croule par la base.

Le Théologien. Et pourquoi?

Le Spirite. Parce qu'il repose sur une supposition fausse.

Le Théologien. Laquelle? s'il vous plaît.

Le Spirite. Pour que la difficulté fût sé-

rieuse, il faudrait qu'on ne pût pas établir une
ligne de démarcation certaine entre les esprits
supérieurs et les esprits inférieurs, entre ceux
qui sont bons et ceux qui sont méchants.

Le Théologien. Je vous accorde bien volontiers que ces derniers seuls sont capables d'u-
ser de semblables ruses. L'Évangile, lui aussi,
établit la distinction des esprits bons et mauvais, et, quoiqu'il ne l'entende pas tout à fait
comme vos docteurs, je ne veux point inciden-
ter sur cette différence.

Le Spirite. En sorte que la question d'identité se réduit à reconnaître si c'est un esprit
supérieur ou un esprit inférieur qui parle : car
le premier ne veut pas nous abuser, et, s'il
nous déclare son nom, nous devons avoir foi
à sa parole.

Le Théologien. Je ne suis plus tout à fait
d'accord avec vous. Vos livres sont pleins de
révélations signées des noms les plus respecta-
bles : c'est Zénon, c'est S. Augustin, S. Louis,
parfois le Christ lui-même. On nous donne tout
cela comme venant des esprits supérieurs, et
néanmoins on nous prévient que ces dénomi
nations ne doivent être acceptées que sous bé-

néfice d'inventaire. Il y a donc, d'après vous, de bons esprits qui prennent un masque et viennent à nous avec un visage étranger.

Le Spirite. Cela peut être quand il s'agit seulement de donner à une doctrine vraie plus de poids, plus d'autorité ; mais la chose n'est pas supposable lorsque la substitution aurait pour effet de nous tromper dans nos affections les plus chères.

Le Théologien. Je ne vois pas bien le motif de cette distinction.

Le Spirite. Le voici. Un esprit supérieur qui émet une doctrine, peut le faire au nom de S. Louis, au nom de S. Augustin, au nom même de Jésus-Christ. Il n'y a donc pas grand inconvénient s'il signe de cette manière. Mais quand tout l'intérêt s'attache à la personne même, ce serait nous jouer impitoyablement de se donner pour ce que l'on n'est pas : un esprit supérieur en est incapable.

Le Théologien. Monsieur, je crains que le besoin de votre cause ne vous fasse hasarder une assertion bien difficile à défendre. Quoi ! il n'y aurait pas grand inconvénient à ce qu'une révélation fût signée d'un nom auguste, lors-

que cette révélation renferme des idées dia-
métralement contraires à celles du personnage
auquel on l'attribue (1)? Nous aurons peut-être
à en reparler. Ne sortons pas du sujet qui
nous occupe, et veuillez me dire, s'il vous plaît,
à quelle marque vous reconnaissez les esprits
supérieurs.

Le Spirite. A leur doctrine, ou, si vous aimez mieux, à leur *élan vers le bien.* « Quand
les esprits nous parlent de la religion avec respect et amour, quand ils attestent le Christ,
quand ils éteignent nos passions, quand ils
nous maintiennent irrésistiblement dans le
bien, quand ils font couler de nos yeux des
larmes de repentir et d'amour, nous les mau-
dirions, nous les appellerions méchants et fils
de l'enfer! Non, ce blasphème ne sera jamais
sérieusement proféré (2). »

Le Théologien. Ainsi la meilleure manière

---

(1) Par exemple, le P. de Ravignan viendra démentir ses
conférences de Notre-Dame et accuser sa propre doctrine de
blasphème. Le P. Lacordaire annoncera l'Église spirite et de-
mandera à être évoqué chez M. Kardec. Le curé d'Ars décla-
rera qu'il n'a été qu'un médium... Quelle sacrilége dérision!...
(V. *Révélations d'outre-tombe,* par M. et Mᵐᵉ Bozon, 1862.)

(2) Dʳ Grand , *Lettre d'un catholique sur le spiritisme,*
p. 62.

de juger les esprits, c'est d'examiner leurs réponses (1)?

Le Spirite. Sans doute. Ne lisons-nous pas dans l'Évangile que l'arbre se connaît à ses fruits ? Il y a là un *criterium* infaillible.

Le Théologien. Les enseignements des esprits sont de deux sortes, les uns concernent ce que nous devons faire, les autres ce que nous devons penser. Pour apprécier et ceux-ci et ceux-là, il faudra sans doute les comparer avec la vérité dont nous sommes en possession sur ces matières.

Le Spirite. Oui, Monsieur.

Le Théologien. La vérité pratique qui nous enseigne nos devoirs, c'est la saine morale; pour un chrétien, la vérité spéculative qui règle la foi, c'est le dogme. Ainsi la moralité et l'orthodoxie sont les deux caractères qui devront distinguer la parole des bons esprits et légitimer notre confiance.

Le Spirite. Je n'ai rien à dire contre cette assertion. Si c'est la vérité qu'ils nous apportent, elle ne saurait être contraire à la vérité.

(2) M. Allan Kardec, *Instruct. pratiq. sur les manif. spir.,* art. *Communications,* et ch. III.

Le Théologien. Eh bien ! Monsieur, de bonne foi, pensez-vous que vos esprits soient fort orthodoxes ?

Le Spirite. Non pas tous, je vous l'ai dit. Mais s'il y en a qui se plaisent dans le mensonge, d'autres, et en grand nombre, s'attachent à ce qui est vrai et profitable. Voyez plutôt la morale recueillie de leur bouche. Peut-on imaginer des préceptes plus sages, des conseils plus saints, plus capables de rendre les hommes heureux ? Qu'il s'agisse de nos devoirs envers Dieu ou envers nos frères, de nos relations de famille ou de nos rapports de société, toujours les esprits dont je parle s'efforcent de nous élever au-dessus des froids calculs de l'égoïsme, des mesquins intérêts de la passion. Ils semblent n'avoir qu'un but dans tout ce qu'ils disent : nous épurer de plus en plus de tout sentiment terrestre, et nous faire avancer dans les voies du progrès ouvertes par la Providence.

Le Théologien. Je ne suis pas aussi rassuré que vous sur le véritable dessein de ces révélations.

Le Spirite. La preuve que je ne m'abuse pas,

c'est que, parmi nous, on compte un grand nombre de fervents catholiques. Ils trouvent que le spiritisme les aide à comprendre, à aimer leur religion. Plusieurs même ont entrepris de montrer l'étroite alliance qui existe entre les deux doctrines ; ils ont victorieusement réfuté les difficultés soulevées sur le prétendu désaccord qui régnait entre elles.

Le Théologien. Vous n'êtes pas difficile en fait de réfutations. Pour moi, Monsieur, j'ai lu les écrits dont vous parlez, et je demeure convaincu qu'il y a un abîme entre le spiritisme et l'Évangile.

Le Spirite. A Dieu ne plaise qu'il en soit ainsi !

Le Théologien. Si une doctrine se produisait devant vous, niant la nécessité de tout culte extérieur et de toute religion positive, enseignant que la nature suffit, et qu'il faut se borner à suivre ses indications , condamnant les conseils évangéliques, opposant aux dogmes principaux du christianisme une série de dogmes entièrement contraires, que penseriez-vous de cette doctrine ?

Le Spirite. Qu'elle est fausse et qu'elle
être rejetée de tous les chrétiens.

Le Théologien. Vous venez de prononcer la
condamnation du spiritisme.

Le Spirite. De grâce, n'allons pas si vite. Il
se pourrait bien que vous prissiez pour contradictoires des affirmations qu'il s'agit seulement d'expliquer, et qui se trouveront aussitôt en parfaite harmonie.

Le Théologien. Il n'y a point d'explication
possible qui rende synonymes le oui et le non.
L'Évangile dit, par exemple, qu'à la *loi naturelle,* gravée dans les cœurs dès notre naissance, se joint une loi révélée qui nous impose
des devoirs aussi sacrés que la première.
Écoutez maintenant les esprits :

« La loi de Dieu est-elle ce qu'on appelle
loi naturelle? — Oui, et *c'est la seule vraie* pour
le bonheur de l'homme; elle lui indique ce
qu'il doit faire ou ne pas faire, et il n'est malheureux que parce qu'il s'en écarte (1). » Voilà,
d'une part, tous ceux qui sont malheureux dé-
clarés coupables; voilà, de l'autre, toute l'éco-

_____

(1) *Le Livre des Esprits,* n. 281.

nomie surnaturelle mise de côté comme un bagage inutile.

Le Spirite. Il me semble que vous êtes un peu sévère dans cette interprétation. Ne pourrait-on pas donner un meilleur sens aux paroles que vous citez?

Le Théologien. Le sens que je leur donne est le premier qui se présente à la pensée. D'ailleurs c'est un artifice des esprits de s'envelopper dans des phrases obscures et équivoques. Les simples n'y voient rien que d'inoffensif; mais les initiés savent comprendre. Voulez-vous quelque chose de plus clair?

On demande aux esprits si l'adoration a besoin de manifestations extérieures. — Réponse : Non, la véritable adoration est dans le cœur.

Dieu accorde-t-il une préférence à ceux qui l'adorent de telle ou telle façon? — Réponse : Dieu préfère ceux qui l'adorent du fond du cœur avec sincérité, en faisant le bien et en évitant le mal, à ceux qui croient l'honorer par des cérémonies qui ne les rendent pas meilleurs pour leurs semblables.

On demande s'il y a une forme extérieure

(d'adoration, de culte) plus convenable l'une que l'autre. — Réponse : C'est comme si vous demandiez s'il est plus agréable à Dieu d'être adoré dans une langue que dans l'autre (1).

Pensez-vous qu'avec une pareille doctrine on doive tenir grand compte de la messe et des autres exercices du chrétien?

Le Spirite. Mais les esprits ne nient pas l'utilité de l'adoration extérieure, ils font même remarquer que les hommes réunis en commun ont plus de force soit pour appeler les bons esprits, soit pour adorer Dieu (2).

Le Théologien. J'en conviens, ils nous accordent cela comme par grâce; mais, pour eux, c'est tout au plus une question d'utilité, jamais de nécessité. Lors donc que l'Église nous fera une obligation de la prière liturgique, de l'assistance au saint sacrifice, le disciple des esprits répondra : Il n'y a là qu'une affaire de forme; pourvu que j'adore Dieu dans mon cœur, on n'a pas droit de m'en demander davantage. Lorsque les prédicateurs de l'Évan-

(1) *Livre des Esprits,* n° 306-308.
(2) *Ibid.,* n° 309.

gile répéteront que, pour échapper au déluge de l'erreur, on doit se réfugier dans l'arche, que celui qui n'est pas avec Jésus-Christ est contre lui, en d'autres termes, que, pour plaire à Dieu, il faut appartenir à l'Église véritable; l'homme formé à l'école des esprits répliquera que l'adoration est indépendante de la forme, que Dieu préfère *ceux qui font le bien à ceux qui croient l'honorer par des cérémonies d'où ils ne sortent pas meilleurs;* enfin que la diversité des cultes n'a pas plus d'importance à ses yeux *que celle des langues dans lesquelles on l'adore* (1).

Avouez que nous sommes bien près de l'indifférence religieuse, telle que l'entendent les faux philosophes.

Le Spirite. Je ne pense pas que les esprits voulussent y donner leur approbation, eux qui nous prémunissent toujours contre l'hérésie.

Le Théologien. Oui, mais ils ont une méthode tout à fait à eux pour vous y faire échapper. Donnons-en quelques exemples :

L'Église enseigne un enfer éternel ; le spiritisme au contraire annonce la cessation des

---

(1) *Le Livre des Esprits, ibid.*

peines, au bout d'un temps plus où moins long. Tout homme de bon sens dira : Voilà deux doctrines contradictoires. Pas du tout, reprennent les esprits et avec eux un de leurs interprètes : « Dieu créant sans cesse, il y aura sans cesse des âmes qui s'écarteront de la voie du bien, et encourront les châtiments ; c'est en ce sens que l'enfer est éternel (1). » O docteurs des temps passés, que n'aviez-vous consulté les esprits !

Autre *specimen* : la révélation nous crie que la vie est le seul temps d'épreuve assigné à l'homme, et que l'arbre restera toujours là où il sera tombé ; au contraire, le spiritisme pose comme principe la doctrine de la *réincarnation* : il admet une série indéfinie d'existences qui se succèdent. Si un cœur chrétien s'émeut en présence d'affirmations si contraires : Bagatelle, répondront les esprits ; « est-ce que la vie humaine n'embrasse pas tout le temps que l'âme est unie à un corps ? Eh bien ! cette vie est multiple, et c'est là ce que la révélation a voulu dire (2). »

(1) Dʳ Grand, *Lettre d'un cathol. sur le spirit.*, p. 109.
(2) *Ibid.*, p. 93.

Y a-t-il enfin des croyances que toute la bonne volonté du monde est hors d'état de concilier, et le catholique sincère craint-il pour sa foi, écoutez la recette que lui donnent les esprits pour bannir tout scrupule : « Non, mon fils, tu n'es pas hérétique. Sonde ton cœur : Aimes-tu l'Église ? Respectes-tu l'Église ?... *Ce que tu ne peux admettre* excite-t-il dans ton cœur des sentiments de révolte ou de mépris ? Es-tu parfaitement d'accord avec elle *sur toutes les vérités qui te raffermissent dans le bien*, qui augmentent dans ton âme l'amour de Dieu et de tes frères ? Oui. Eh bien ! tu es catholique (1). » Voilà, n'est-il pas vrai, un nouveau procédé peu gênant pour l'orgueil, peu compromettant pour le sens particulier de chacun. Prenez dans la foi chrétienne ce qui vous convient, rejetez le reste, sans toutefois le mépriser ; dans ces conditions, vous serez parfaitement orthodoxe.

Le Spirite. Monsieur, ce n'est pas ainsi que je prétends l'être. Mais ne m'avouerez-vous pas que les esprits peuvent expliquer certains

(1) *Ibid.*, p. 68.

dogmes obscurs et nous en donner une nouvelle intelligence ?

Le Théologien. Par exemple, d'après leur explication, le péché originel ne sera plus pour chacun de nous que l'ensemble des fautes commises dans une existence précédente ; l'immaculée conception de Marie signifiera simplement l'innocence conservée par elle dans une vie qu'elle avait menée avant de naître d'Anne et de Joachim. Il y a longtemps, Monsieur, que ces erreurs se sont produites pour la première fois, et qu'elles ont été solennellement réprouvées. Origène avait rêvé ce que disent aujourd'hui ceux que vous prenez pour maîtres. Origène fut considéré comme hérétique, et quinze siècles chrétiens ont confirmé cette sentence.

Le Spirite. S'il en est ainsi, je m'abstiendrai de dogmatiser avec les esprits. Pour moi *le spiritisme n'est qu'une morale* (1).

Le Théologien. Une morale ! mais pensez-vous que les esprits, qui vous trompent sur les croyances, soient bien propres à vous édifier pour ce qui regarde les mœurs?

(1) *Le Livre des Médiums*, p. 483. 1re édit.

Le Spirite. Oh ! quant à cela, Monsieur, la doctrine est irréprochable. On pourrait vous mettre au défi d'y signaler une proposition, je ne dis pas scandaleuse, mais qui s'écarte tant soit peu de la sainteté de l'Évangile.

Le Théologien. Puisque vous me jetez le gant, je le relève. On pose aux esprits cette question : L'indissolubilité du mariage est-elle dans la loi de nature ou seulement dans la loi humaine ? Ils répondent : « C'est une loi humaine très-contraire à la loi de nature. Mais les hommes peuvent changer leurs lois ; celles de la nature sont immuables (1). » Que dites-vous de cet enseignement des esprits en plein christianisme et en plein xixe siècle ? Apparemment, ils sont de ceux qui veulent provoquer une loi sur le divorce. Et vous appelez leur morale irréprochable !

Le Spirite. Ce n'est là qu'une réponse isolée, donnée sans doute par quelque esprit inférieur, qui se sera malicieusement mêlé parmi les autres.

Le Théologien. Et pourtant je la trouve dans

(1) *Le Liv. des Esprits,* n° 336.

un livre *écrit sous la dictée des esprits supérieurs et publié par leur ordre.* D'ailleurs, elle est étroitement enchaînée à tout le reste. Nous lisons en effet au même endroit que le célibat n'est *point de sa nature un état de perfection,* quoiqu'on lui fasse grâce quand il est embrassé *par dévouement pour l'humanité* (1). Un peu plus loin, la retraite, le silence sont condamnés comme un raffinement d'égoïsme, et le vœu qu'on en fait, comme *une sottise* (2). Considérez attentivement les assertions des esprits, vous les trouverez à chaque pas en contradiction avec celles de la foi. Seulement, pour donner le change, tout cela est accompagné de belles maximes qui semblent n'inculquer que l'amour de la vertu et le zèle de la perfection. Mais, qu'on ne s'y trompe pas, il y a un but caché. Je ne crains pas d'affirmer que l'apparition des esprits est une levée de boucliers contre le christianisme.

Le Spirite. Monsieur, vous exagérez. S'il en était ainsi, les esprits ne professeraient pas

(1) *Liv. des Esprits,* n. 334.
(2) *Ibid.,* n. 381-386.

le respect profond dont ils font preuve pour la personne de Jésus.

Le Théologien. D'où vient qu'ils s'expliquent d'une manière si équivoque sur son caractère? Que Jésus soit le sage par excellence, un modèle accompli de vertu, ils l'accordent assez volontiers; mais qu'il soit Dieu, voilà ce qu'ils ne veulent pas entendre. Si l'on cite une ou deux réponses où ils ont semblé confesser sa divinité (1), nous en trouvons un bien plus grand nombre où ils la nient. Or, c'est là pour nous la pierre de touche; car, comme dit saint Jean : Tout esprit qui brise en Jésus le nœud hypostatique, n'est pas de Dieu; celui-là est l'adversaire du Christ, dont vous avez

---

(1) Il y en a quelques-unes de cette nature dans les *Révélations d'outre-tombe* publiées par M. et Mme Bozon; rien ne semble plus catholique de prime abord, mais c'est pour aboutir à des assertions comme celles-ci :

« L'Esprit du Dieu fait homme est le *fluide* de son Père: car il devait *être la substance même de la divinité* pour y participer. — Toute la création, qui comprend ciel, terre, hommes, animaux, tout enfin, qu'est-elle? Le fluide du Créateur. — Mais le fluide qui forma l'Homme-Dieu fut à la fois *fluide et puissance*; il fut non créé, mais *Dieu incarné, créature et Créateur*: créature par la forme terrestre, Créateur, car il resta Dieu, le Dieu du ciel et de la terre, le Dieu unique, mais dont l'Esprit se fit Trinité. » (P. 42.) Comprenne qui pourra! mais, à coup sûr, c'est loin d'être orthodoxe.

entendu dire qu'il vient et qu'il est déjà dans le monde (1).

Le Spirite. Du moins, je dois reconnaître comme venant de Dieu les esprits qui *confessent Jésus* : c'est ce que proclame l'apôtre au même endroit (2).

Le Théologien. Il y a bien des manières de confesser le Christ. Les démons, en sortant du corps des possédés, ne lui disaient-ils pas : *Nous vous reconnaissons pour le Saint de Dieu* (3) ? Et cela ne les empêchait pas d'être des esprits impurs, parce que cette profession de foi était forcée ou qu'elle ne tendait qu'à tromper les hommes. Quel crédit pourrait avoir auprès des chrétiens la nouvelle doctrine, si elle se posait ouvertement comme contraire à l'Évangile ? Les esprits sont trop habiles pour en user de la sorte. Ce qu'ils disent de vérités doit servir à pallier ce qu'ils en taisent et ce qu'ils en défigurent. Leur plus grande chance de

(1) *Omnis spiritus qui solvit Jesum ex Deo non est. Hic est antichristus, de quo audistis quoniam venit et nunc jam in mundo est.* (I Joan. IV, 3.)

(2) *Omnis spiritus qui confitetur Jesum Christum in carne venisse ex Deo est.* (*Ibid.*)

(3) *Scio qui sis Sanctus Dei.* (Marc. I, 24.)

succès serait s'ils venaient à nous persuader que la doctrine apportée par eux n'a rien absolument d'incompatible avec le catholicisme.

Le Spirite. J'ai trouvé une foule de personnes dans cette persuasion, et j'avoue que moi-même j'y avais été jusqu'à ce jour. Les réflexions que vous venez de faire commencent à ébranler ma conviction. Pourtant, Monsieur, j'aurais encore une observation à vous présenter. Mais j'ai peur qu'en votre qualité de théologien, vous ne la trouviez un peu hardie.

Le Théologien. Monsieur, entre nous il ne saurait y avoir de péril; et du moment que vous cherchez sincèrement à vous éclairer, mon devoir est d'entendre tous vos doutes.

Le Spirite. Eh bien, puisque vous le voulez, voici ce que je me dis quelquefois. Dieu, en créant le monde, l'a soumis à la loi du progrès. La révélation, elle aussi, a suivi une marche ascendante; car la lumière accordée aux premiers patriarches a grandi dans la législation mosaïque, et les vérités contenues dans l'Ancien Testament ont été singulièrement développées dans l'Évangile. Pourquoi ne serions-nous pas arrivés à une époque où la révélation entrerait, pour ainsi dire, dans une nouvelle phase ? D'abord il y a eu le règne du Père ; à ce règne correspondait une loi chargée d'observances matérielles et restreinte à un seul peuple. Ensuite est venu le règne du Fils ; nous avons eu un code plus épuré, un culte plus spirituel, une diffusion de charité plus abondante et plus large. Nous est-il défendu d'attendre maintenant le règne de l'Esprit , c'est-à-dire une religion moins asservie à la lettre, moins dépendante de pratiques extérieures, se concentrant davantage dans le cœur de l'homme, tandis que sa vaste unité embrassera tous les peuples ? Cette religion , le monde paraît la pressentir, et il semble que son heure soit arrivée. Le christianisme la porte peut-être dans ses flancs, comme autrefois le mosaïsme, avec ses prophéties et ses promesses du Rédempteur, contenait en germe l'Évangile. Du moins la loi d'expansion à laquelle tout obéit ici-bas nous autorise, ce semble, à pronostiquer ce développement.

Le Théologien. Je le vois, vous êtes de votre siècle. Voilà bien les idées qui rem-

plissent aujourd'hui l'atmosphère ; nous les as-
pirons comme malgré nous, et elles tendent à
corrompre dans les cœurs jusqu'aux premiers
éléments de la foi. Car enfin, dites-moi, si la
religion que vous espérez, et que sans doute
les esprits vous apportent, était un développement de la révélation, comment se trouverait-
elle en opposition flagrante avec elle ?

Le Spirite. Mais, Monsieur, il y a des oppo-
sitions qui ne sont qu'apparentes. La science,
par exemple a plus d'une fois modifié le sens
qu'on avait donné jusque-là à certaines ex-
pressions de l'Écriture. Josué dit que le soleil s'arrêta, nous savons aujourd'hui que ce
fut plutôt la terre qui demeura immobile ; et
personne ne voit là une difficulté. Cependant la
première fois que cette idée fut émise, quels
anathèmes ne valut-elle pas à ses auteurs !
Or, qui peut dire qu'il n'en sera pas de même
pour les assertions du spiritisme ? Nous y
voyons une contradiction ; d'autres mieux avi-
sés n'y verront qu'une nouvelle et plus saine
interprétation (1).

---

(1) Cf. Dr Grand, p. 111.—M. Kardec, *le Spirit.*, p. 24.

Le Théologien. Tant qu'on reste dans le vague des théories générales, je conçois que ces idées puissent faire illusion à quelques esprits de bonne foi, mais il n'en est plus de même du moment qu'on essaye d'appliquer ces principes. Sans doute, l'intelligence des dogmes et de l'Écriture peut avec le temps s'éclairer, devenir de jour en jour plus pleine, plus complète; mais c'est à la condition de ne pas mettre une affirmation à la place d'une négation ou réciproquement. Jésus-Christ n'a rien contredit de la révélation mosaïque, il l'a, au contraire, confirmée, perfectionnée (1). Les esprits pourraient-ils en dire autant par rapport au christianisme? Au risque d'être accusé d'un peu de partialité, laissez-moi vous citer une page d'un livre récent qui résume assez bien l'état des choses :

« Sauf la croyance en Dieu qui est commune, c'est à peine si l'on peut trouver un seul dogme où les deux doctrines soient d'accord. Sur la divinité de Jésus-Christ, les esprits ont varié. Parfois ils ont paru l'admettre sans doute, » quand ils parlaient à des chrétiens bien déci-

(1) *Nolite putare quoniam veni solvere legem et prophetas, non veni solvere sed adimplere.* (Matth. v, 17.)

dés, « le plus souvent ils l'ont niée, représentant le Christ comme un esprit plus pur, plus parfait que ceux qui ont paru jusqu'ici, mais non d'une autre nature. Le péché originel, tel qu'ils l'expliquent, n'est plus celui qu'enseigne l'Écriture ; ils appellent ainsi les fautes commises dans une prétendue existence antérieure, fautes que nous sommes censés expier dans la condition présente. La Rédemption est réduite à rien, l'Église est supprimée, mais surtout la vie future change entièrement d'aspect. On conserve de nom l'immortalité ; de fait, ce n'est qu'une permanence des âmes sans identité morale et sans conscience du passé. »

En effet, Monsieur, qui de nous se souvient d'avoir vécu il y a deux cents ans ? Que me sert d'être immortel si je ne me reconnais plus moi-même ? Voilà pourtant votre dogme principal, celui de la réincarnation. Je continue : « Au lieu d'une seule épreuve, suivie d'une récompense ou d'une peine définitive (comme l'enseigne la foi), c'est une succession d'existences à travers lesquelles le libre arbitre, malgré ses déviations, est comme fatalement entraîné par la loi du progrès ; la perfection n'est plus l'œuvre d'une volonté maîtresse de ses destinées, ni le bonheur la récompense du mérite. » C'est clair puisqu'on y arrive toujours. « L'enfer est détruit : » il consiste seulement à retourner dans une vie corporelle ; « le purgatoire change complétement de nature : » il se confond avec ce prétendu enfer ; « même au point de vue purement philosophique, la sanction disparaît : car il est absurde que chacun de nous porte la peine de crimes dont il n'a aucun souvenir, aucun moyen de se prouver à soi-même la réalité (1). » Qu'en pensez-vous ?

Le Spirite. Je pense, comme vous, que des doctrines si diverses sont fort difficiles à concilier. Mais enfin, Monsieur, autres temps, autres mœurs. L'époque à laquelle nous vivons ne ressemble guère aux précédentes. Dieu voit que la plupart des hommes s'éloignent des vieilles croyances. Ne peut-il pas vouloir nous donner une nouvelle révélation plus appropriée à l'état des esprits et plus en rapport avec les besoins des âmes ?

(1) *La Question du Surnaturel*, p. 436.

Le Théologien. Dieu ne peut jamais révéler l'erreur. Si, sur un même sujet, il a dit d'abord d'une manière, et qu'aujourd'hui il s'exprime d'une façon toute opposée, il faudra bien qu'il ait menti une des deux fois.

Le Spirite. Ceci me paraît juste. Je ne vois vraiment plus comment nos auteurs espèrent établir l'accord du spiritisme avec l'Évangile. Du reste, quant à moi, tout cela ne me touche guère ; je ne cherche point dans les communications des enseignements religieux ; et, si je fréquente les esprits, ce n'est pas précisément dans le dessein de leur emprunter de nouvelles lumières.

Le Théologien. Pourquoi donc allez-vous les consulter ?

Le Spirite. Pour avoir le plaisir de retrouver ceux que j'aime. Après tout, si, comme vous le dites, il y a quelque danger d'être trompé, est-ce que le seul espoir de rencontrer ces chères âmes ne vous semble pas un motif suffisant d'user des moyens si simples qu'on nous donne ?

Le Théologien. Mais si ces moyens sont réprouvés par la conscience ?

Le Spirite. Comment, Monsieur? Rien de plus innocent. Poser les mains sur une table, prendre un crayon et une feuille de papier, ou bien interroger ceux qui font ces choses, sont-ce là des crimes à vos yeux?

Le Théologien. Monsieur, il y aura beaucoup à dire sur cet article. Si vous m'en croyez, nous le renverrons à notre prochain entretien. En attendant, j'aime à croire que le spiritisme considéré comme doctrine ne vous semble plus irréprochable. S'il devait jamais s'implanter dans le monde, ce serait une hérésie, et de la pire espèce, une de ces hérésies qui s'attaquent aux fondements mêmes de nos croyances et qui ne tardent pas à déchaîner toutes les passions, parce qu'elles ont d'abord bouleversé toutes les idées.

IIIᵉ ENTRETIEN.

LES PROCÉDÉS.

Le Théologien. Eh bien ! Monsieur, sommes-nous définitivement d'accord sur l'impossibi-lité de décerner au spiritisme un brevet d'orthodoxie?

Le Spirite. Telle qu'elle est présentée dans plusieurs de nos livres, la doctrine des esprits s'écarte évidemment de la foi catholique. Mais, je l'ai dit et je le répète, ceci n'a pour moi qu'une très-médiocre importance.

Le Théologien. Comment! les esprits men-tent et vous ne vous en inquiétez pas?

Le Spirite. Rien ne m'oblige à croire que toutes les expériences ont été bien faites. Qui sait si l'on n'a pas pris le change sur le caractère de ceux qui parlaient ?

Le Théologien. Voilà bien ce que j'avais l'honneur de vous dire. Si les gros bonnets du spiritisme s'y trompent, le vulgaire pourra-t-il jamais s'y retrouver ?

Le Spirite. Quant à moi, je n'accepte aucune solidarité avec personne. Les communications que j'obtiens, tout en faisant moins de fracas, n'en sont que plus sûres.

Le Théologien. De quelle manière vous y prenez-vous ?

Le Spirite. De la manière la plus simple. Tantôt j'impose les mains à une table, et elle me répond ; tantôt je prends un crayon, et, me mettant sous l'influence de l'esprit, j'écris sous sa dictée.

Le Théologien. Avez-vous alors conscience de ce que votre main trace sur le papier ?

Le Spirite. Quelquefois oui, quelquefois non. Mais dans les deux cas, je sens très-bien que ce que j'écris n'est pas de moi, et que c'est un autre qui parle.

Le Théologien. Allez-vous aussi aux réunions de vos confrères et aux séances publiques ?

Le Spirite. Oui, Monsieur, et j'avoue que je suis profondément édifié de ce que j'y vois. On débute toujours par la prière. Tout ce que l'on fait, c'est au nom de Dieu. Et puis on y entend des choses si belles, si touchantes! Écoutez, par exemple, cette communication obtenue dernièrement à Metz :

« La prière est une aspiration sublime à laquelle Dieu a donné un pouvoir si magique, que les esprits la réclament pour eux constamment. Tendre rosée qui est comme un rafraîchissement pour le pauvre exilé de la terre... Priez : c'est un mot descendu du ciel, c'est la goutte de rosée dans le calice d'une fleur, c'est le soutien du roseau pendant l'orage, c'est la planche du pauvre naufragé pendant la tempête, c'est l'abri du mendiant et de l'orphelin, c'est le berceau de l'enfant pour s'endormir. Émanation divine, la prière est ce qui nous relie à Dieu par le langage, c'est ce qui l'intéresse à nous ; le prier c'est l'aimer ; l'implorer pour son frère c'est un acte des plus méritoires (1). »

(1) *Le Spiritisme à Metz*, p. 6.

Je voudrais vous citer tout le reste, tellement ce morceau me paraît ravissant.

Le Théologien. Voulez-vous me le laisser par-
courir des yeux ?

Le Spirite. Bien volontiers.

Le Théologien. L'esprit qui a dicté ceci avait
certainement lu *la Religion naturelle* de M. Jules
Simon.

Le Spirite. Que voulez-vous dire ?

Le Théologien. Je dis que cet esprit est pour
le moins rationaliste. Écoutez plutôt :

« La prière agit directement sur l'esprit qui
en est le but, elle ne change pas ses épines
pour des roses, elle ne modifie pas sa vie de
souffrances, — *ne pouvant rien sur la volonté
immuable de Dieu,* — qu'en lui imprimant cet
essor de volonté qui relève son courage, en lui
donnant la force pour lutter contre les épreuves
et les dominer (1). »

Ce qui signifie, en meilleur français, que la
prière agit non pas sur Dieu, mais sur l'homme ; elle n'obtient rien de la volonté divine,
puisque celle-ci est immuable, mais elle modifie

---

(1) *Ibid.* Cf. *le Liv. des Espr.*, l. II, c. II, n. 310 et suiv.

notre volonté en l'élevant au-dessus d'elle-même. Voilà votre théorie. Maintenant prenez l'ouvrage que je viens d'indiquer, lisez dans la IVᵉ partie le chapitre 1ᵉʳ qui concerne la prière, vous me direz ensuite qui il faut féliciter : ou M. Jules Simon, de se trouver si bien d'accord avec les esprits ; ou les esprits, de répéter fidèlement les leçons d'un si grand philosophe.

Le Spirite. Vous voulez rire.

Le Théologien. Pas du tout, cette observation est très-sérieuse. Les esprits visent à la popularité, et ils ne peuvent mieux faire que d'entrer dans les idées qu'on accepte le plus facilement à notre époque. Aussi remarquons-nous qu'ils n'y manquent jamais, c'est ce que montre tout l'ensemble de leur doctrine.

Le Spirite. Mais où prétendez-vous en venir ?

Le Théologien. A ceci : concevant ainsi la prière, vous ne sauriez prendre acte de celle que vous faites pour affirmer que l'esprit évoqué vient au nom de Dieu.

Le Spirite. Je ne vous comprends pas.

Le Théologien. Rien n'est pourtant plus simple. Si la prière que vous adressez à Dieu n'influe en rien sur sa volonté, pourquoi vous flattez-vous qu'en sa considération il vous enverra un bon esprit?

Le Spirite. C'est que par là nous méritons de l'obtenir.

Le Théologien. Très-bien ; mais la volonté divine étant immuable, c'est-à-dire, selon vous, insensible à tout ce qui vient de l'homme, votre mérite ne peut pas plus la modifier que votre prière. En outre, pensez-vous que la demande adressée par vous soit agréable à Dieu?

Le Spirite. Et pourquoi pas?

Le Théologien. D'abord, ce que vous réclamez, c'est un miracle.

Le Spirite. C'est du moins un fait extranaturel ou, si vous l'aimez mieux, surnaturel, j'en suis d'accord (1).

---

(1) Le disciple paraîtra s'écarter ici de la doctrine du maître et parler comme le vulgaire. M. Allan Kardec soutient que les faits spirites ne sont que des phénomènes naturels. (*Liv. des médiums*, ch. II.) Mais quelle que soit cette divergence d'idées, le raisonnement de l'adversaire conserve toute sa force, car la question n'est pas de savoir si l'esprit vient naturellement ou d'une manière merveilleuse, mais bien si l'on a droit de compter sur sa venue et de l'attendre au nom de Dieu. Du reste, nous avons suffisamment expliqué ailleurs ce qu'il faut

Le Théologien. Et ce miracle ou ce fait extranaturel, vous le demandez moins qne vous ne
l'exigez par une sorte de commandement.

Le Spirite. Le commandement s'adresse à
l'esprit.

Le Théologien. Oui, au nom de Dieu, que
vous faites sans cesse intervenir. Or, ce droit
de commander aux esprits de la part de Dieu,
de qui le tenez-vous ?

Le Spirite. Mais il me semble qu'il ne peut
venir que de Dieu lui-même.

Le Théologien. Qui vous prouve que Dieu
vous l'a conféré ?

Le Spirite. L'expérience.

Le Théologien. Permettez. L'expérience ne
saurait rien démontrer ici. Vous posez le commandement, le résultat se produit. Voilà le
fait. Maintenant, au nom de qui l'esprit est-il
venu, c'est la question qui reste à éclaircir.

Le Spirite. Monsieur, l'esprit ne peut venir
qu'avec la permission de Dieu.

Le Théologien. Venir *avec la permission de*

entendre par *naturel, surnaturel* et *préternaturel.* (V. *la
Question du Surnaturel,* Ire *partie.*)

Dieu et venir *au nom de Dieu* sont deux choses bien différentes. L'esprit qui trompait Achab, en mettant le mensonge dans la bouche de ses prophètes, venait avec la permission de Dieu ; car le Seigneur lui avait répondu : « Tu l'abuseras et tu prévaudras ; va et fais comme tu as dit (1). » Ah ! Monsieur, que de fois j'ai tremblé que vous et ceux qui vous imitent vous ne soyez victimes d'une déception semblable !

Le Spirite. C'est impossible. Dieu sait que nos intentions sont droites, il ne saurait souffrir qu'un esprit menteur se présente sous le couvert de son nom, et se prévale de notre religion pour en imposer à notre bonne foi.

Le Théologien. Prenez garde de mettre sans motif la religion en cause ; si vous êtes dans l'illusion, vous ne devez l'imputer qu'à vous.

Le Spirite. Comment cela, s'il vous plaît ?

Le Théologien. De tout temps il y a eu certaines contrefaçons des actes religieux contre

---

(1) *Egressus est spiritus et stetit coram Domino et ait : Ego decipiam illum. Cui locutus est Dominus: In quo? Et ille ait: Egrediar et ero spiritus mendax in ore omnium prophetarum ejus. Et dixit Dominus : Decipies et prævalebis, egredere et fac ita.* (III Reg. XXII, 22.)

lesquelles le christianisme s'est efforcé de nous prémunir. C'est ce qu'on appelle divination, culte superflu, vaine observance, ou plus généralement superstition.

« Il y a superstition, dit Mgr Gousset, lorsqu'on invoque d'une manière expresse ou tacite le secours du démon pour connaître les choses cachées, occultes, secrètes, dont nous ne pouvons acquérir la connaissance par des moyens naturels... On distingue deux manières d'invoquer le démon, l'une expresse, l'autre tacite. L'invocation est expresse quand on l'invoque nommément sous une dénomination quelconque. Elle est tacite, quand on cherche à connaître une chose par des moyens que l'on sait ne pouvoir nous procurer naturellement cette connaissance (1). »

Remarquez, Monsieur, ces derniers mots, et voyez bien si on ne les doit pas appliquer à ce qui se passe dans les expériences du spiritisme.

Le Spirite. Je vous assure que parmi nous personne ne pense à invoquer l'esprit impur.

_____

(1) Mgr Gousset, *Théol. morale, du Décalogue*, n. 418.

Le Théologien. J'aime à le croire, d'autant plus que, aux yeux de vos docteurs, le démon semble n'être qu'un mythe (1). Mais pour que cette invocation existe, il n'est pas nécessaire d'y penser.

Le Spirite. Eh quoi! vous voulez nous rendre responsables de ce que nous n'avons ni dans l'esprit ni sur les lèvres?

Le Théologien. Outre le langage de la parole, il y a encore celui des actions. Quand on prend certains moyens dans le but d'obtenir un effet déterminé, n'est-ce pas comme si on disait que l'on veut ce résultat?

Le Spirite. Sans doute.

Le Théologien. Et si les moyens adoptés n'ont aucun rapport naturel avec l'effet que l'on désire, n'est-il pas clair qu'on l'attend d'une intervention étrangère?

Le Spirite. Cela va sans dire.

Le Théologien. Vous ne soutiendrez pas qu'il y ait une relation naturelle entre l'imposition

_____

(1) Cf. *Instruct. pratiq. sur les manif. spirit.*, aux mots *Démon* et *Satan*. « Selon la doctrine spirite, Satan n'est point un être distinct, c'est la personnification du mal et de tous les mauvais esprits. » (*Ibid.* et *Liv. des Esprits*, n. 62, etc.)

de vos mains sur une table et la présence d'un esprit, entre le crayon que vous tenez entre vos doigts et la révélation de ce qui se passe dans l'autre monde ?

Le Spirite. Non, Monsieur, je l'ai dit, c'est une opération surnaturelle.

Le Théologien. Reste donc à savoir de qui vous attendez cette opération.

Le Spirite. Nous l'attendons de l'esprit lui-même.

Le Théologien. Alors, pourquoi invoquer Dieu ?

Le Spirite. Quand je dis que nous l'attendons de l'esprit, ce n'est pas pour exclure l'action divine ; puisqu'elle est toujours la cause première de tout ce qui est bon.

Le Théologien. Vous convenez donc que votre opération n'est légitime que si elle a pour principe la volonté, le bon plaisir de Dieu ?

Le Spirite. Bien entendu.

Le Théologien. Nous y voilà. Moi je vous conteste précisément que vous ayez le droit d'attribuer à Dieu un effet semblable.

Le Spirite. Quelles sont vos raisons ?

Le Théologien. Dieu est l'auteur de la nature et le dispensateur de la grâce. Tout ce qu'il accomplit il le fait à l'un de ces deux titres. D'après vous, dans le cas présent il n'agit pas simplement comme auteur de la nature, car vous avouez que le phénomène est en dehors des lois naturelles.

Le Spirite. C'est évident. Pourtant il faut bien dire que nous ne connaissons point la portée de toutes les forces cachées au sein de la création.

Le Théologien. Il n'est pas besoin que notre science aille jusque-là. Nous voyons ici intervenir une intelligence; cette intelligence n'anime habituellement ni la table, ni le crayon, ni aucun des objets dont on se sert pour avoir ses réponses. Quand elle fait mouvoir toutes ces choses, il est bien clair que c'est un effet qui sort de l'économie habituelle.

Le Spirite. Je vous accorde cela. D'un autre côté, je ne voudrais pas dire que Dieu agisse alors précisément comme auteur de la grâce.

Le Théologien. Cependant plusieurs de vos esprits ne reculent pas devant cette expres-

sion (1). Quant à nous, prenons-en une autre,
et disons qu'il devrait agir alors comme auteur
d'un ordre extranaturel.

Le Spirite. Très-bien.

Le Théologien. Pour que nous soyons en état
d'attendre un effet extranaturel ou surnaturel
de tel ou tel moyen, il faut de deux choses
l'une : ou que cet effet en découle comme de
lui-même, ou qu'une promesse divine soit
intervenue. Vous allez me comprendre. A la
prière est attaché le secours de Dieu, soit
dans l'ordre de la nature, soit dans l'ordre de
la grâce : car il est tout simple qu'un père se
laisse fléchir par les supplications de ses enfants; aussi, quand nous attendons ce secours,
notre espérance n'est ni vaine ni téméraire.
Mais il y a d'autres cas où une parole positive
est indispensable pour expliquer notre foi.
Quel rapport, par exemple, entre l'eau du
baptême et l'amitié divine, entre la formule
prononcée par un homme et le pardon accordé
par le Ciel? Ici c'est l'institution du sacrement
qui justifie notre confiance. Seule la promesse

(1) Cf. *Liv. des Esprits*, liv. II, ch. I.

de Jésus-Christ pouvait créer un lien entre des choses si diverses. Je demande donc en vertu de quelle institution, sur l'autorité de quelles promesses vous attendez des pratiques employées par un médium la présence d'un esprit venant au nom de Dieu.

Le Spirite. Quand je ne pourrais vous répondre, je ne vois pas en quoi vous triompheriez : car, à mon tour, ne puis-je demander en vertu de quelle promesse nous attendrions les mêmes choses de l'esprit mauvais ?

Le Théologien. Oh! il n'y a point de parité à établir. Celui qui, d'après l'Évangile, est le père du mensonge et le prince des ténèbres ne fait point tant de cérémonies, il est toujours prêt à intervenir, du moment qu'il trouve une porte ouverte.

Le Spirite. Mais quelle serait celle que nous serions censés lui ouvrir? Dans ce qui se passe chez nous, vous trouvez une invocation formelle de Dieu ; pour le démon, il n'y en a aucune, ni expresse ni sous-entendue.

Le Théologien. D'invocation expresse, non, si ce n'est de la part de ceux qui recourent, comme ils disent, à *la petite évocation* dans les cas difficiles. Mais l'appel tacite existe par le fait même que vous voulez un effet surnaturel, et que vous n'avez aucun motif de l'attendre de Dieu. Car, comme il n'y a que deux puissances qui soient capables de le produire, si l'une s'y refuse, si elle ne vous autorise pas à l'espérer, il faut bien pour l'obtenir que vous vous tourniez du côté de l'autre. Sans compter qu'il peut y avoir un pacte, que vous ne connaissez pas, et dont vous remplissez les conditions sans le savoir.

Le Spirite. Comment prouverez-vous que Dieu se refuse à faire ce que nous demandons?

Le Théologien. La preuve en est dans toute l'Écriture. Dès le temps de Moïse, Dieu avait défendu d'évoquer les morts pour leur demander la vérité, déclarant que cette pratique était en abomination à ses yeux (1). Aussi la loi avait prononcé contre elle les châtiments les plus sévères. On sait que Saül extermina tous ceux qui s'y livraient, jusqu'au moment où il voulut lui-même y recourir, ajoutant à

---

(1) *Nec inveniatur in te qui quærat a mortuis veritatem. Omnia hæc abominatur Dominus.* (Deut. XVIII, 11, 12.)

ses fautes précédentes cette dernière faute ;
d'où il arriva que l'ombre de Samuel lui ap-
porta une réponse de mort (1). Le christianisme
ne s'est pas montré moins énergique pour ré-
prouver ces communications partout où il les
a rencontrées. La nécromancie, sous quelque
forme qu'elle se présentât, y a toujours été
considérée comme illicite et sacrilége.

Le Spirite. Pourtant, Monsieur, nous lisons
dans les histoires de nos saints bien des conversations qu'ils ont eues avec les âmes des
défunts.

Le Théologien. Vous n'en trouvez pas une
seule qu'ils aient cherchée, comme vous, par
des moyens superstitieux. Sur l'ordre de Dieu,
les âmes ont pu leur apparaître, soit pour
leur faire part de leur gloire, si elles étaient
bienheureuses, soit pour réclamer leurs prières,
si elles étaient souffrantes. Mais dans ces
communications le Ciel avait l'initiative. Point
d'intermédiaires factices, point d'instruments
bizarres ni de conventions arbitraires, rien à
quoi on attachât une vertu secrète ou qui sen-

(1) I Reg., XXVIII.

tît un pacte conclu avec des puissances mystérieuses.

Le Spirite. Je puis bien vous affirmer qu'il
n'y a chez nous aucun pacte. Les moins chrétiens n'y croiraient pas, les autres en auraient
horreur.

Le Théologien. Monsieur, j'ai une question
à vous adresser. Pourriez-vous, s'il vous plaît,
m'expliquer comment il se fait qu'un infidèle,
qui ne croit ni en Dieu ni à l'Église, baptise
néanmoins réellement, s'il verse de l'eau sur la
tête d'un enfant en prononçant les paroles sa-
crées ?

Le Spirite. Je sais que tel est l'enseignement
du catéchisme. Il faut donc dire que la grâce
est attachée à ce rite, quelle que soit la
croyance de celui qui l'emploie. Cependant,
si je ne me trompe, il doit avoir l'intention gé-
nérale de faire ce que fait l'Église.

Le Théologien. Oui, c'est cela. Cette intention suffit pour faire entrer un instant l'infidèle
dans la pensée même de Jésus-Christ, et lui
faire accomplir une œuvre toute surnaturelle.
Or, maintenant, sachez que le démon parodie
les œuvres de Dieu. Lui aussi a ses sacre-

ments, c'est-à-dire des rites, des observances, auxquels sont attachés certains effets dont il est l'auteur. Quiconque se met dans les conditions qu'il a déterminées, se trouve par là même identifié avec lui pour l'effet à produire, quelles que soient d'ailleurs ses idées et ses croyances. Voilà ce qui existe dans une foule de pratiques magiques, superstitieuses. En est-il de même des faits du spiritisme? Cela paraît fort vraisemblable, et j'avoue que je suis assez porté à le croire.

Le Spirite. Mais, si l'on n'a vraiment nulle intention d'avoir des relations avec les esprits impurs ?...

Le Théologien. Vous avez toujours le dessein de lier conversation avec ceux qui voudront venir, et que vous ne connaissez pas d'une manière certaine. C'en est assez pour que ce commerce vous soit imputé comme volontaire.

Le Spirite. Il y a des opérateurs qui protestent avec énergie qu'ils ne veulent à aucun prix se trouver en contact avec le démon.

Le Théologien. J'ai entendu dire que, quand cette protestation est absolue, elle enchaîne toute la puissance des médiums et met obstacle aux expériences. Mais plusieurs, tout en protestant, se rétractent équivalemment par leurs actes, puisqu'ils continuent à désirer, à appeler les mystérieux interlocuteurs.

Le Spirité. Vous me dites là, Monsieur, des choses bien étranges. Selon vous, les pratiques dont nous parlons seraient donc une sorte de sacrement diabolique, qui aurait la vertu de produire les phénomènes spirites, à peu près comme le baptême produit la grâce ?

Le Théologien. Je n'affirme pas qu'il en soit ainsi, mais je dis que nous avons tout sujet de le craindre. Car enfin ces pratiques ont une vertu ; cette vertu n'est ni naturelle, ni divine. Alors veuillez bien, je vous prie, me la définir.

Le Spirite. Ce serait la première fois qu'on aurait vu chose pareille.

Le Théologien. Non, non, détrompez-vous. A toutes les époques, la magie a eu ses rites plus ou moins compliqués, souvent tout à fait semblables à ce que nous voyons aujourd'hui. Est-ce que vous n'avez pas connaissance de ce texte fameux de Tertullien, qui reprochait aux magiciens de son temps de faire parler les tables ?

Le Spirite. On m'en a dit vaguement quelque chose ; j'aimerais l'entendre citer d'une manière plus précise.

Le Théologien. Tertullien, pour expliquer les faits qui se produisaient de son temps, recourt à la théorie même que je viens d'émettre. Il suppose une invitation adressée aux mauvais esprits une fois pour toutes, ensuite on n'a plus qu'à renouveler les signes de convention pour voir les âmes des morts revenir et les tables annoncer les choses cachées (1). Voilà ce que pensaient les premiers chrétiens, voilà ce que disaient les Pères.

Le Spirite. Après tout, ceci ne regarde que les médiums et ceux qui leur commandent ; mais du moment que je me borne à consulter, je suis absolument en dehors de tout danger de mal faire.

Le Théologien. Il y a une solidarité étroite entre celui qui adresse la question et celui qui

_____

(1) Tertull. *Apol.* XXIII. *Magi phantasmata edunt et jam defunctorum infamant animas... habentes semel invitatorum angelorum et dæmonum assistentem sibi potestatem, per quos et capræ et mensæ divinare consueverunt.*

procure la réponse. D'abord le premier est cause par rapport à l'acte du second ; ensuite lui-même est mis en contact avec l'esprit auquel il parle par cet intermédiaire. Si la conversation est satanique, il est clair que chacun des interlocuteurs y a sa part et s'y trouve mêlé pour son propre compte. Puis, quand vous forcez le démon à parler, vous devenez en quelque sorte l'obligé du démon. Vous vous soumettez à son action, vous lui accordez sur votre personne une certaine puissance dont il n'est pas toujours facile de calculer la portée.

Le Spirite. Tout cela me paraît bien sévère, et malgré l'autorité qu'a pour moi votre parole, j'aimerais à savoir si d'autres partagent ces idées.

Le Théologien. Les idées que j'exprime sont celles des pasteurs chargés de veiller au dépôt de la foi. La sacrée Congrégation de l'Inquisition dénonce ces femmes « au tempérament débile qui, livrées aux prestiges du somnambulisme et de ce qu'on appelle la *claire intuition*, prétendent voir toutes sortes de choses invisibles, et s'arrogent, dans leur audace téméraire, la faculté de parler sur la religion, voquer les âmes des morts, de recevoir des ponses, de découvrir des choses inconnues éloignées. »

Puis elle ajoute :

« L'application de principes et de moyens purement physiques pour obtenir des effets qui ne soient point naturels est une déception illicite et qui tient à l'hérésie (1). »

Voici maintenant le commentaire que fait de ces paroles un éminent évêque, parlant à tous les prêtres de son diocèse.

« Cette décision, rapprochée de plusieurs autres principes qui sont certains par l'Écriture et par la tradition, vous fournira, Messieurs, des principes de solution par rapport à l'une des pratiques les plus dangereuses et les plus coupables, je veux dire *la communication avec les esprits*. La foi ne permet pas de douter que le recours aux morts, pour apprendre la vérité, ne soit un crime abominable devant Dieu et digne des châtiments les plus ter-

_____

(1) Encyclique de la Congrég. de l'Inquisit., *Sur les abus du magnétisme*.

ribles. Or, s'il n'est pas permis d'interroger
les morts, et, par conséquent, si Dieu refuse
aux morts la faculté de répondre aux questions que les vivants ne peuvent leur adresser
licitement, de quelle source peuvent donc
émaner ces réponses que l'on se flatte d'obtenir et que l'on obtient quelquefois? Manifes-
tement nul autre que l'esprit d'erreur et de
ténèbres ne peut obéir à ces interpellations
coupables. La communication avec les esprits
est donc ni plus, ni moins, le commerce avec les
démons; et c'est par conséquent le retour à
ces monstrueux désordres et à ces superstitions
damnables, qui ont placé pendant tant de siècles et qui placent encore les nations païennes
sous la honteuse servitude des puissances infernales..... Aucune conscience éclairée ne
peut se permettre ni cette évocation des morts,
ni ce recours aux esprits quelconques, ni ces
questions sur les mystères les plus impénétrables de la vie présente et sur les mystères de la
vie future... Les seuls rapports qui nous soient
permis avec les esprits, ce sont les rapports
surnaturels qui consistent dans la prière, dans
l'invocation des anges et des élus, dans la mé-

ditation de leurs vertus, dans le souvenir et
mitation de leurs exemples, dans la docilité à
suivre les inspirations intérieures que leur
intercession auprès de Dieu peut faire arriver
dans nos cœurs (1). »

Vous voyez si j'ai surfait la doctrine.

Le Spirite. Monsieur, je professe un profond
respect pour la parole des prélats, qui sont
nos maîtres dans la religion. Tous se mon-
trent-ils aussi opposés au spiritisme que celui
à qui vous empruntez ce passage?

Le Théologien. Je pourrais vous en citer bien
d'autres si je ne craignais de vous être à
charge; vous pouvez lire les Lettres pastorales
de NN. SS. les évêques de Québec, de Viviers,
d'Orléans, de Rouen, de Cambrai, du Mans,
de Marseille, d'Autun, de Verdun, d'Alby, de
Rennes, de Dijon, etc... (2). Vous trouverez
partout les mêmes réprobations, partout des
qualifications semblables. Et il ne faut pas
vous en étonner, car le sens catholique répugne à se permettre ces choses tout autant que
la science théologique les condamne.

(1) Mgr Pie, *Discours et Instr. pastor.*, t. III, p. 43-45.
(2) Voir les *Pièces justificatives.*

Le Spirite. Pourtant je vois des personnes pieuses qui ne se font point scrupule d'y prendre part. Elles continuent de fréquenter les sacrements en même temps que nos réunions : tour à tour elles paraissent aux expériences spirites et à la table sainte. Ainsi le clergé ne porte pas partout un jugement aussi rigoureux.

Le Théologien. Monsieur, ce que vous dites peut tenir à bien des causes, qui n'infirment en rien l'unanimité des réprobations. Il y a des âmes tellement obstinées dans certaines opinions que le prêtre essayerait vainement de les en faire revenir. Quand il les croit dans la bonne foi, souvent il les abandonne à leur conscience. D'autres ne portent pas même à son tribunal des pratiques dont elles ne comprennent pas ou ne veulent point comprendre la grièveté. Il n'y a donc absolument rien à conclure du fait que vous signalez, et qui ne saurait être après tout qu'une exception assez rare.

Le Spirite. Eh bien ! je veux supposer avec vos autorités que la source des révélations spirites soit réellement le démon. Nous nous tiendrons donc en garde contre ses ruses, mais si nous pouvons le forcer à faire le bien, ne sera-ce pas une œuvre licite et méritoire?

Le Théologien. Je vous entends, vous êtes persuadé que les résultats du spiritisme en sont la justification.

Le Spirite. Oui, c'est le côté le plus fort de ma thèse. Puisque j'ai passé pour battu jusqu'à présent, j'aurais bien envie de prendre contre vous une bonne revanche.

Le Théologien. A demain, si vous voulez. Nous aurons plus de loisir pour donner à ce point de vue toute l'importance qu'il mérite.

Le Spirite. A demain donc. Trouvez-vous ici à pareille heure.

IVᵉ ENTRETIEN.

Le Spirite. Monsieur, cette fois c'est un duel à mort entre vous et moi. Nous ne nous arrêtons point que l'un des deux ne reste sur la place.

Le Théologien. A la bonne heure ! Voilà un champion décidé. Les esprits sentent, à ce qu'il paraît, qu'il leur faut réparer leurs précédents échecs.

Le Spirite. Oh ! ce n'est point ce qui les inquiète ; car les coups que vous leur portiez tombaient à faux, ainsi que vous l'allez reconnaître.

Le Théologien. Vraiment ! Vous serez bien habile si vous opérez cette conversion.

Le Spirite. Je pars d'un principe certa
contre lequel vous n'avez rien à alléguer.

Le Théologien. Voyons, s'il vous plaît.

Le Spirite. C'est que, dans cette question, le
vrai moyen de prononcer avec équité est de
considérer les résultats.

Le Théologien. Permettez...

Le Spirite. Non, je ne connais qu'une chose :
la vérité dans le monde produit le bien, l'erreur produit le mal. Quand je veux savoir que
penser d'une pratique ou d'une doctrine, je
regarde ce qui en découle : est-ce le bien, on
ne saurait la regarder comme venant de l'enfer ; est-ce le mal, il faut s'en défier, ou même
la condamner sans miséricorde. La plupart de
vos apologistes et de vos prédicateurs pro-
cèdent de cette manière. Ils prennent l'Évangile et ils disent : Voilà une doctrine qui, depuis qu'elle existe, n'a fait que du bien aux
hommes ; donc elle est de Dieu. Ils ont raison,
car c'est la parole du Maître : « Un mauvais
arbre ne peut porter de bons fruits, ni un bon
arbre de mauvais fruits (1). » Ainsi, vous le

_____

(1) Matth. vii, 18.

voyez, il vous faut accepter le débat sur ce
terrain.

Le Théologien. Je l'accepte ; toutefois j'aurais bien quelque remarque à faire, non pour
contredire votre principe, mais pour l'expliquer. Car, s'il est vrai en lui-même, il y a néanmoins telle application particulière où il pourrait se trouver en défaut. Mais je préfère ne
pas m'arrêter là-dessus, et y aller largement
avec vous. Pourvu donc que vous ne vous
contentiez pas du bien apparent, partiel, opposé au mieux, et que vous regardiez l'ensemble, le bien véritable, je consens à prendre le
principe que vous énoncez comme point de
départ de notre discussion.

Le Spirite. Puisqu'il en est ainsi, ma cause
est gagnée.

Le Théologien. C'est ce qui reste à savoir.

Le Spirite. Oh ! Monsieur, le bien opéré
dans le monde par les communications des
esprits est si évident, que le nier serait fermer
les yeux à la lumière du jour. Et d'abord,
dites-moi, contesterez-vous son efficacité pour
adoucir l'amertume des séparations et combler
les vides creusés par la mort ? Combien de

pauvres affligés, que toutes les autres consolations trouvaient insensibles, ont commencé
à sentir leur courage renaître, leur âme se ranimer en conversant avec les personnes dont
ils se croyaient séparés pour toujours ! Je sais
ce que vous opposez à cela : Nous ne sommes
pas certains, dites-vous, de retrouver nos proches ; mais, du moins, ce qui est certain, c'est
la joie d'une mère qui reconnaît la voix de
son fils, c'est le bonheur d'une pieuse épouse
qui se persuade qu'elle échange sa pensée
avec un époux ravi à sa tendresse. Est-ce que
vous compterez cela pour peu de chose ? Pourquoi alors prouver, comme vous le faites, la
divinité de la religion par les seuls trésors de
consolation qu'elle prodigue à toutes les in-
fortunes de la terre ?

Le Théologien. De grâce, ne comparez point
les soulagements que nous trouvons dans notre
foi avec ceux que procurent vos expériences.
D'un côté tout est assuré, de l'autre tout est
problématique ; ici l'esprit, l'âme, la conscience
sont en repos ; là tout l'homme intérieur est
nécessairement agité par des préoccupations
et des craintes diverses. J'ai vu au sortir de

ces tristes entretiens une foule de personnes qui y avaient cherché la paix, et n'y avaient recueilli que l'amertume. Des réponses vagues, équivoques, quelquefois horribles et navrantes les avaient jetées dans d'étranges perplexités. Lors même que les esprits avaient été plus rassurants, un doute cruel subsistait, qui enlevait toute sécurité. Monsieur, en ce moment, j'en appelle à vous-même : si vous n'aviez pour vous rassurer sur le sort de votre enfant que les prétendues révélations dont vous parlez, votre douleur trouverait-elle à s'y reposer pleinement, comme dans les bras d'une immortelle espérance ?

Le Spirite. J'avoue que la religion me fournit un appui plus solide. Mais lorsque ces témoignages s'unissent, ils se corroborent l'un l'autre et se fortifient mutuellement.

Le Théologien. C'est précisément cet accord qui est impossible ; la religion dénonce, repousse le témoignage des esprits.

Le Spirite. Mais s'ils disent comme elle, il faut bien qu'ils soient dans la vérité.

Le Théologien. Ils y sont alors malgré eux, et notre certitude n'emprunte rien à leur parole.

..

Nous ne pouvons pas plus y compter que sur leurs consolations. Ne me dites pas qu'un grand nombre d'hommes y recourent, et qu'après les avoir goûtées, on y retourne encore avec empressement; car ces consolations ressemblent à certaines liqueurs fortes et malsaines, auxquelles on revient sans cesse, parce qu'au lieu d'apaiser la soif, elle l'allument et l'irritent davantage.

Le Spirite. On ne peut du moins méconnaître que, de nos jours, la religion ne tire un grand secours du spiritisme.

Le Théologien. Comment l'entendez-vous?

Le Spirite. Vous êtes les premiers à gémir sur les progrès de l'incrédulité. Elle envahit successivement toutes les classes et mine la société par sa base. La foi s'en va, c'est le cri universel. Et pour la ranimer dans les cœurs, la science des apologistes, l'éloquence des orateurs sacrés ne sauraient plus suffire. Malgré ces digues trop faibles pour arrêter le torrent, le monde se sentait emporté comme invinciblement dans les voies de l'indifférence et du doute, lorsque l'explosion soudaine des phénomènes spirites est venue heureusement res-

susciter les croyances. D'abord, les matéria-
listes s'étonnèrent et se virent contraints d'admettre l'existence des esprits ; puis les ratio-
nalistes eux-mêmes, lorsqu'ils ont voulu voir,
se sont sentis amenés à reconnaître des faits
surnaturels. De là pour arriver à la foi chrétienne il n'y avait plus qu'un pas à faire. Ce
pas, plusieurs l'ont accompli ; les autres peut-
être l'accompliront bientôt. Ainsi le spiritisme,
loin d'être une pratique impie, sert puissamment les intérêts de la religion et ramène au
bercail les brebis égarées (1).

Le Théologien. Je sais que quelques incrédules se sont convertis à cette occasion.

Le Spirite. Et vous ne voulez pas que l'Église
trouve là aujourd'hui son plus ferme soutien ?
Monsieur, il ne faut pas se le dissimuler, vos
ennemis sont les nôtres. Ceux qui ne veulent
plus du christianisme sont les mêmes qui re-
poussent, comme autant de chimères, tous les
faits racontés dans nos livres. L'incrédulité
par rapport au surnaturel, voilà l'obstacle
commun, le danger capital que nous rencon-

---

(1) Cf. Dr Grand, *Lettre d'un cathol.*, etc., p. 112-113. —
Révélations d'outre-tombe, p. 82.—*Le Spiritisme*, p. 24.

trons à notre époque. Pourquoi donc, au lieu
de se faire la guerre, le spiritisme et le catholicisme ne se donneraient-ils pas la main ? Leur
cause étant la même, pourquoi ne la défen-
draient-ils pas de concert, en faisant taire au
besoin quelques dissidences ? Quant à moi, je ne
puis m'expliquer que le clergé n'adopte pas
franchement un tel auxiliaire (1). Je vois aujourd'hui dans nos rangs des hommes qui ne
croyaient autrefois ni à Dieu ni à l'âme. Ces
deux grands dogmes, ce sont les communications d'outre-tombe qui les leur ont donnés,
parce qu'en effet, comme on l'a bien dit, Dieu
et l'âme, voilà tout le spiritisme (2).

Le Théologien. L'alliance que vous souhai-
teriez a déjà été proposée bien des fois, elle a
toujours échoué, elle échouera toujours.

Le Spirite. Et pourquoi ? Le spiritisme est-
il un allié si méprisable ? Répandu comme
il l'est aujourd'hui, que ne peut-il pas, que
n'a-t-il point déjà fait pour la sainte cause de
la vérité ?

Le Théologien. Dieu se sert parfois d'une

(1) *Révélations d'outre-tombe*, p. 7.
(2) *Le Spirit. à Metz*, p. 2.

doctrine fausse pour retirer certains hommes des erreurs encore plus profondes où ils étaient plongés auparavant. Il a donc pu permettre que des faits extraordinaires, opérés par les esprits, amenassent des incrédules à la conviction qu'il y a des miracles (1). S'ensuit-il que le vrai et le faux doivent oublier l'intervalle qui les sépare, et vivre désormais en bonne amitié afin de doubler leurs forces ? Ah ! Monsieur, il n'y a point de transaction possible pour celui qui s'appelle la Vérité. Jésus-Christ s'est décerné à lui-même ce nom, qui lui a été confirmé par le suffrage des siècles. Ce n'est pas après avoir ainsi fait ses preuves que l'Eglise catholique, héritière de ses droits sur la terre, ira emprunter à une secte née d'hier un symbole qui répugne à son symbole, et des pratiques en désaccord avec ses pratiques. Quand le spiritisme vient à elle avec la prétention de se faire reconnaître, elle pourrait lui répondre comme autrefois le disciple de S. Jean à un fameux hérésiarque : « Oui, je te reconnais pour le premier-né de Satan. »

(1) Voir *Pièces Justific.*, n. VI.

Le Spirite. Mais, enfin, Satan n'agit pas contre lui-même. S'il était l'auteur des phénomènes spirites, comment expliquer le bien qui en résulte et les conversions auxquelles ils donnent lieu ? Puisque, au témoignage de Jésus-Christ, le royaume du démon n'est pas divisé, nous sommes sans doute en droit de conclure que les communications ne tirent pas de lui leur origine.

Le Théologien. Le démon peut bien quelquefois se tromper sur les conséquences de ses artifices (1). D'ailleurs il est bon spéculateur : il sait au besoin perdre peu d'un côté pour gagner beaucoup de l'autre ; volontiers il sacrifiera quelques détails pourvu qu'il se retrouve sur l'ensemble. Or l'apparition des esprits devait avoir un double résultat : plusieurs peut-être se convertiraient à cette occasion, mais un plus grand nombre y laisseraient la pureté de leur foi, pour ne pas dire la pureté de leur cœur ; de compte fait, il se trouve que le mal l'emporte sur le bien, et c'en est assez sans doute pour décider celui qui ne cherche qu'à

(1) *Pièces Justif.*, n. VI.

nous nuire (1). Voilà l'explication naturelle des choses dont nous sommes témoins.

Le Spirite. Ce n'est là encore qu'une simple hypothèse.

Le Théologien. Non, Monsieur, c'est un fait. Et puisque vous tenez à juger le spiritisme sur ses résultats, je m'empare de votre principe et je prétends que rien ne montre mieux quelle est la véritable source de ces choses.

Le Spirite. Vous niez donc les conversions opérées.

Le Théologien. Il y aurait bien à dire sur ces conversions. Je ne veux pas faire le procès à ceux qui sont passés, comme vous dites, *du spiritisme au spiritualisme*, et de celui-ci à la foi chrétienne. Les voies de la Providence pour conduire l'homme à la vérité sont variées à l'infini ; et, quelle que soit leur nature, elles ont droit à tous nos respects. Cependant il est nécessaire d'ajouter que souvent une fâcheuse exaltation prend chez ces convertis la place d'une croyance calme et sincère. Trop ordinairement ils se persuadent qu'ils ont mission de

(1) *Pièces justif.*, n. IV.

ramener les autres par les mêmes moyen
les ont changés ; ils se jettent sans reten
dans le champ des expériences, et c'est là qu'
force d'interroger les esprits, ils finissent quelquefois par perdre celui qu'ils possédaient eux-
mêmes.

Le Spirite. Vous renouvelez une accusation
à laquelle nos auteurs ont répondu depuis
longtemps.

Le Théologien. J'ai bien lu en effet dans vos
auteurs que le spiritisme ne rend pas fou ; mais
ce qui s'est passé à ma connaissance m'a montré le contraire. Du reste les réponses mêmes
dont vous parlez le constatent. Dans l'impos-
sibilité de nier les faits, vos apologistes s'efforcent d'en rejeter sur nous la cause. Chose
singulière ! le danger, d'après eux, ne vient
point de vos pratiques, il vient au contraire de
ceux qui croient les combattre *en inoculant
dans les cerveaux faibles l'idée du diable ou du
démon.* Il est vrai, ajoute-t-on aussitôt, que
l'exaltation peut aussi venir dans un sens opposé;
et puis savez-vous quelle est, en définitive, la
consolation qu'on nous donne ? c'est que,
toute idée de spiritisme à part, on voit plus d'un

cerveau dérangé par les appréciations des choses même les plus saintes (1). Que pensez-vous de ce raisonnement ?

Le Spirite. Il me semble juste.

Le Théologien. Quant à moi, il m'a toujours paru assez singulier. C'est à peu près comme si l'on disait : Vous prétendez que les nouvelles idées produisent la folie. (On citait des faits en grand nombre.) D'abord c'est faux. Ensuite, si c'est vrai, vous en êtes cause. Enfin, il faut bien dire que c'est aussi notre faute ; mais, après tout, nous pouvions perdre la raison sans avoir pour cela besoin du spiritisme. C'est bien possible, dirons-nous ; mais la question est de savoir s'il n'a pas un peu aidé à ce résultat. Or, l'expérience répond d'une manière affirmative. Les faits ont été si frappants en Amérique que tous les journaux s'en sont préoccupés, et que les évêques ont cru devoir les constater dans leurs Lettres pastorales (2).

Le Spirite. Je comprends que les communi-

---

(1) M. Allan Kardec, *Instruct. pratique sur les manifestat. spirit.*, p. 142.

(2) Voir entre autres la Lettre pastorale de Mgr Turgeon, évêque de Québec. (*Pièces Justif.*, n. V.)

cations d'outre-tombe puissent exalter certaines imaginations vives et impressionnables, qu'elles fassent tourner quelques têtes peu solides ; que voulez-vous ? toute idée exagérée est capable de produire cet effet, et le sentiment religieux autant que tout autre.

Le Théologien. Oui, mais avouez que rien n'y prête comme ces conversations mystérieuses, ces réponses venant d'un autre monde et renversant toutes les idées reçues. Où se jettera une pauvre àme à qui les esprits viennent raconter tout le contraire de ce qu'elle avait cru jusqu'alors ? Placée entre deux révélations, celle de l'Évangile qu'elle a appris à vénérer dès son enfance, et celle du spiritisme à laquelle on lui persuade qu'elle doit obéir, à quoi voulez-vous qu'elle s'attache, et quelle sera désormais sa ligne de conduite ? La voilà tiraillée, agitée en sens contraires, ne sachant si elle doit croire l'Église qui réprouve la nouvelle doctrine, ou la doctrine qui se prétend mal comprise et repoussée à tort par l'Église. En vérité, pour une âme religieuse et un peu crédule, il y a de quoi perdre ou la foi, ou la tête, ou les deux ensemble.

Le Spirite. Je ne crois vraiment pas que vous puissiez voir dans le spiritisme une cause de diminution pour la foi. C'est lui au contraire, nous le disions tout à l'heure, qui la ranime et la ravive.

Le Théologien. Il y a une certaine foi vague, un peu vaporeuse, qui est fort du goût de notre époque. Croire que tout est fini avec la vie présente, c'est bon seulement pour quelques attardés du dix-huitième siècle. Croire qu'il y a un enfer éternel, cela ne convient plus qu'aux demeurants du moyen âge. Entre ces deux extrêmes, un parti mitoyen et à la mode consiste à dire que nous ne savons pas précisément comment les choses se passeront dans la vie future, ou bien encore que ce sera une existence à peu près semblable à celle que nous menons maintenant, soit que nous devions habiter le même globe, soit que nous devions être transférés dans quelque autre planète.

Si c'est de cette foi-là que vous voulez parler, je vous accorderai sans trop de peine qu'elle peut gagner quelque chose aux développements du spiritisme. Mais si vous l'entendez de la foi véritable, de la foi déterminée, sur toutes choses un enseignement clair précis, conforme à la révélation, et propo par l'organe infaillible que le Christ a établi sur la terre, convenez, Monsieur, qu'il n'y a guère d'apparence qu'elle doive gagner beaucoup au commerce que les esprits ont avec les hommes.

Le Spirite. Cependant, dès qu'on admet les manifestations, le grand obstacle se trouve levé ; car il consiste surtout dans la répugnance qu'on éprouve à croire au surnaturel. Nous faisons voir aux incrédules des faits prodigieux, nous les forçons à confesser l'immortalité de l'âme et l'existence d'une autre vie. De là, pour eux, à devenir chrétiens la distance n'est pas grande et sera franchie plus aisément.

Le Théologien. Si toutefois ils ne trouvent pas plus commode de s'arrêter en route, et de se reposer dans les flatteuses promesses de vos théories. Parmi les incrédules, les uns (et c'est le grand nombre) traitent vos expériences de chimères, et les expliquent soit par les hallucinations, soit par le charlatanisme. Plusieurs

autres, convaincus de leur réalité, n'aban-
donnent les idées qu'ils avaient auparavant
que pour se jeter dans une sorte d'illumi-
nisme ; quelques-uns enfin, mais qu'il serait
facile de compter, sont arrivés, en passant
par les esprits, jusqu'à la foi chrétienne. Heureux si, au sein même de l'Église, ils ne con-
servent point des pratiques peu conformes à
ses injonctions ou des croyances en opposition avec son symbole ! Voilà les conversions
que vous faites. Après cela, étonnez-vous que
nous n'agissions pas de concert, que nous
n'applaudissions pas des deux mains à votre
propagande ! .

Le Spirite. Vous comptez pour rien l'influence que nos expériences exercent sur la
moralité. Quand un homme, peu régulier peut-
être jusque-là, s'entend adresser par les esprits
des exhortations comme celles-ci : Aimez Dieu
par-dessus toutes choses et votre prochain
comme vous-même ; pardonnez à vos ennemis,
oubliez les injures ; faites à autrui ce que vous
voudriez qu'on fît pour vous (1), etc., pensez-

(1) M. Allan Kardec, *Instruct. pratiq.*, p. 144.

vous qu'il ne s'en retourne pas chez lui touché
et meilleur? Vous me direz qu'il avait cent
fois entendu les mêmes choses de la bouche
de son curé. Mais savez-vous s'il allait à la
messe? D'ailleurs, quelle prédication pourrait
être efficace comme celle qui vient d'un autre
monde? Plus tard il assistera à une séance où
l'on interroge l'âme d'un ivrogne, et il l'en-
tendra dire : « Je brûle desséché par le vent
du désert (1). » Ou bien ce sera l'âme d'un
suicidé qui répétera : « Le châtiment, mais
un châtiment terrible a commencé pour moi.
Je n'ai point d'espérance, je souffre horrible-
ment ; j'ai été trompé : je cherchais le bonheur,
j'ai trouvé le malheur, la souffrance (2)... »
Connaissez-vous beaucoup de sermons qui
doivent produire un meilleur effet que ce
spectacle et ces paroles?

Le Théologien. Toutes les communications
sont loin d'avoir un caractère moral. On a
soin, il est vrai, de soustraire à la connaissance du public les moins édifiantes, surtout
depuis que l'autorité épiscopale a réclamé

(1) *Le Spirit. à Metz*, p. 13.
(2) *Ibid.*, p. 16.

contre la publication d'un livre qui en contenait de scandaleuses (1). Mais comment pourraient-elles ne pas se reproduire? Parmi les esprits qui répondent, il y en a d'impurs, qui sont enclins au mal et en font l'objet de leurs préoccupations; ils donnent des conseils perfides, soufflent la discorde, la défiance, et prennent tous les masques pour mieux tromper. Ils s'attachent aux caractères assez faibles pour céder à leurs suggestions, afin de les pousser à leur perte (2). Il y a en outre les esprits légers, qui sont ignorants, malins, inconséquents et moqueurs, qui répondent à tout sans se soucier de la vérité. Il y a les faux savants, dont les réponses sont un mélange de quelques vérités à côté des erreurs les plus absurdes, et dans ces réponses percent la présomption, l'orgueil, la jalousie et l'entêtement dont ils n'ont pu se dépouiller (3). Tous ces personnages avec qui nous risquons d'être en rapport ne feront pas entendre toujours les leçons de la sagesse. Aussi, depuis que nous con-

(1) *Lettres sur l'Évocation des esprits*, par M. Henri Carion.
(2) *Instrut. pratiq.*, p. 54.
(3) *Ibid.*, p. 56.

versons avec les morts, on n'a pas li
constater qu'il y ait plus de moralité
les vivants.

Le Spirite. On n'a non plus éprouvé le
traire.

Le Théologien. Si vous me permettez de dire
toute ma pensée, j'avoue que je ne suis point
rassuré sur les suites de vos expériences. Il y
a un lien étroit entre les faits spirites et le
magnétisme. Or, vous savez combien ce dernier agit puissamment sur l'organisation et
sur les sens. Il crée des sympathies, il établit
des affections violentes et presque irrésistibles.
De même, ce n'est pas seulement l'intelligence
que le spiritisme trouble par une doctrine
nouvelle et bizarre, souvent aussi il jette le
désordre dans le cœur; nous l'avons vu devenir
dans les familles une occasion de déshonneur
ou une cause de séparation.

Le Spirite. Ces inconvénients ne sauraient
avoir lieu quand on prend les précautions
qu'indique la prudence. Mais enfin, Monsieur,
je veux qu'il y ait là quelque danger; du moins
faut-il convenir que le spiritisme les rachète
amplement par une foule d'heureux résultats.

Que de fois, à son aide, on a découvert des secrets importants ! C'était un péril qui nous menaçait, c'était le principe caché d'une maladie qu échappait à la science, c'étaient certaines dispositions intérieures de nos ennemis ou même de nos proches contre lesquelles nous avions à nous prémunir. Je serais trop long si je voulais énumérer tous les biens dont il a été la source pour l'humanité entière.

Le Théologien. Et moi, je serais infini si je pouvais vous raconter les malheurs qu'il cause tous les jours. Vous parlez de guérisons obtenues par ce moyen ; je veux bien qu'il y en ait eu quelques-unes; mais vous ne parlez pas des cas où, sur la foi des esprits, on prendra peut-être les maladies à rebours jusqu'à ce que mort s'ensuive. Vous dites qu'il nous met entre les mains un moyen de connaître les sentiments intérieurs des étrangers et de nos proches. Oh ! Monsieur, quel instrument dangereux ! quelle arme à deux tranchants ! et qu'il est à craindre qu'elle ne nous blesse ! Voyez comme elle s'en va porter le ravage dans les affections les plus saintes et les plus pures. Un ami, je suppose, conçoit un doute sur la

6

fidélité de son ami; il s'en va consulter les esprits, lesquels, à tort ou à raison, l'affermissent dans ses craintes : voilà deux cœurs séparés à jamais. Chose plus triste encore ! un soupçon traverse l'imagination d'un époux ; il interroge une table ou un médium, et aussitôt le mystérieux interlocuteur lui jette un oui fatal. Ne frémissez-vous pas à la seule pensée des maux que va causer cette terrible réponse ? Ainsi la division entre ceux qui s'aimaient, la désunion dans les familles, des calomnies odieuses, des haines implacables : voilà quels pourront être et quels ont été trop souvent les fruits de ces conversations avec un autre monde. Je ne crains pas d'avancer que si le spiritisme obtenait universellement créance, il serait un des dangers les plus sérieux qui puissent menacer l'ordre social (1).

Le Spirite. N'exagérons rien, de grâce.

Le Théologien. Je suis loin d'exagérer. Dites-moi, est-ce que tout l'ensemble des choses humaines n'est pas dépendant d'un certain équilibre entre les différentes forces sociales ? Les

_____

(1) Cf. *Pièces Justif.*, n. V.

éléments divers et souvent opposés qui entrent
dans la composition de ce grand tout, doivent
se contre-balancer pour amener cette situation
calme d'où résulte l'ordre ; tout ce qui rompt cet
équilibre met obstacle à la paix du monde. Or,
je vous le demande, y a-t-il rien de plus propre
à le détruire que cette action mystérieuse des
esprits acceptée comme règle de toutes choses ?
Tandis qu'une partie des hommes continue-
ront à se conduire d'après les lumières de la
raison ou de la foi, qu'ils jugeront selon ce que
leur dicte la prudence naturelle ou la révélation divine, d'autres, au contraire, se guide-
ront habituellement par un procédé tout différent. Ce ne seront plus les vices ou les vertus
de leurs semblables qui détermineront leurs
sympathies ou leurs aversions, mais bien le témoignage toujours équivoque de ces hôtes
inconnus d'un autre monde. S'ils forment une
entreprise, ce sera sur leur conseil ; s'ils veulent connaître un secret, ce sera par leur intermédiaire. Dès lors, plus d'obscurité si profonde à laquelle on puisse confier ce qu'on veut
dérober aux hommes ; à l'heure où l'on y pense
le moins, le secret des consciences comme

celui des familles, les intentions cachées de la
politique humaine et les mystères de la diplo-
matie pourront être mis à nu. La sagesse, la
fidélité n'entreront plus pour rien dans la conduite des affaires ; la seule chance assurée de
succès sera de consulter les esprits, et celui-là
gouvernera le monde qui se montrera plus
habile à exploiter leur conversation. Ne voyez-
vous pas que cela suffit pour nous faire rejeter
à tout jamais le nouveau système?

Le Spirite. Mais, proportion gardée, on en
aurait pu dire autant de toutes les nouvelles
découvertes qui font tant d'honneur à notre
siècle. L'invention des chemins de fer, celle
des télégraphes électriques rompaient l'équilibre. Les canons rayés détruisaient l'égalité
entre nations et créaient une irrésistible supériorité. Telle est la condition du progrès ; à
chaque impulsion nouvelle, il y a un déplace-
ment, et, par suite, un trouble momentané ;
bientôt après les forces s'égalisent et l'équilibre
se répare. Le spiritisme est sans doute une
force nouvelle, mais elle est offerte à tous, et,
pas plus que les autres procédés nouveaux,
elle ne s'oppose à l'ordre du monde.

Le Théologien. Non, il n'y a point de comparaison possible. Tant que l'homme exploite la matière ou les ressources qu'il trouve en lui-même, il reste dans sa condition normale ; s'il fait des progrès, s'il se crée une supériorité, on ne peut que le féliciter de son savoir-faire. Mais il n'en est plus de même quand il va chercher son point d'appui dans un monde occulte, mystérieux ; quand il évoque à son secours les puissances infernales. De tout temps l'instinct des peuples a repoussé ces moyens, de quelque nom qu'ils se couvrissent. La magie, les sortiléges, la nécromanie, qui ne sont après tout que la mise en œuvre d'agents ténébreux et surnaturels, furent des pratiques partout proscrites, partout justement réprouvées. On a senti que l'œuvre de Dieu est une, et que tout ce qui en brise l'harmonie ne saurait venir que d'un mauvais principe.

Le Spirite. Cependant, Monsieur, vous ne blâmez pas les âmes pieuses qui font intervenir dans leurs affaires l'intercession des bienheureux. Vous ne blâmez pas non plus les saints personnages qui ont eu commerce avec les anges, et qui opéraient par eux des choses mer-

veilleuses. L'emploi des moyens en dehors de
la nature n'est donc pas toujours opposé à la
perfection de l'œuvre divine.

Le Théologien. Je n'ai jamais prétendu dire
que l'homme était abandonné ici-bas aux seules
forces qu'il tient de sa création. Dieu lui offre
sa grâce, il lui donne même en certains cas des
secours extérieurs et sensibles. Mais il y a pour
obtenir ces choses des moyens déterminés par
la Providence. La prière, la sainteté de la vie
sont les seules voies légitimes par où nous puis-
sions nous élever jusque-là. Quand ces faveurs
se produisent comme la récompense de la vertu,
on peut penser qu'elles viennent de Dieu. Et
pourtant, alors même, les véritables mystiques
ne les acceptent qu'avec frayeur. Ils ont mille
précautions, de nombreuses règles de discerne-
ment pour ne point être victimes de l'illusion. Les
saints ne se rassurent pas aisément ; quelque fa-
miliers qu'ils soient avec Dieu, ils redoutent les
ruses de l'ange de ténèbres, ils appellent à leur
aide de sages conseils, souvent même ils n'usent
des pouvoirs qui leur sont accordés que lorsqu'ils
y sont contraints par l'obéissance. Vous, au contraire, vous vous jetez à corps perdu dans un

élément que vous ne connaissez pas ; au lieu de subir malgré vous l'ascendant des esprits, vous l'invoquez, vous l'excitez par des voies artificielles ; à la prière se mêlent des pratiques superstitieuses ; ce n'est point la pureté du cœur, ce sont les dispositions physiques, le tempérament ou l'habitude contractée qui vous rendent aptes à recevoir chez vous ces êtres mystérieux. Sont-ils venus, vous vous abandonnez indiscrètement à leur influence, vous leur faites une foule de questions dictées par la curiosité ; vous écrivez sous leur action mille choses dont la vérité ne saurait être contrôlée en aucune manière. Avouez, Monsieur, qu'il n'y a rien là qui ressemble à ce que nous lisons dans l'histoire des saints, et qu'un abîme sépare leurs pieuses pratiques de vos coupables manœuvres. Ils ont été les instruments de la Providence dans le monde pour la réalisation de ses desseins d'amour ; craignez d'être des auxiliaires aux mains du démon pour la réussite de ses projets détestables.

Le Spirite. Quoi ! vous penseriez...

Le Théologien. Oui, je suis convaincu, et cela ressort de tout ce que nous avons dit dans ces entretiens, je suis, dis-je, convaincu que

l'agent surnaturel auquel vous obéissez vous
exploite pour dilater parmi nous son règne.
Que vous y pensiez ou non, il y a un effet d'ensemble produit par le spiritisme, et dont vous
devenez jusqu'à un certain point solidaires ;
car si l'entraînement existe, vous contribuez à
le produire ; si l'aveuglement va croissant, vous
êtes pour votre part dans ses progrès. Ah ! de
grâce, songez aux âmes qui se perdent, songez
aux intelligences qui se faussent, à tant de
chrétiens qui s'égarent et qui perdent leur foi
dans ces nouvelles théories. Songez aussi à
l'empire que vous laissez prendre à ces esprits
impurs, sur vos idées, sur vos sentiments, sur
votre personne même. S'il faut chercher hors
de vous la règle de votre conduite, que ce soit
au ciel et non dans un commerce plus qu'é-
quivoque. Et quand même vous n'y verriez
rien autre chose qu'une distraction puérile et
un vain amusement, rappelez-vous cette parole
d'un saint docteur de l'Église : « Celui qui aura
trouvé son plaisir à jouer avec le démon ne sera
pas admis à se réjouir avec Jésus-Christ (1).

(1) S. Pierre Chrysolog. *Serm. 155, de Kalend. Januar.* Cf.
Pièces Justif., n. VI.

PIÈCES JUSTIFICATIVES.

I

Extrait d'une Lettre pastorale de Mgr Guibert, Évêque de Viviers, actuellement Archevêque de Tours, sur le danger des tables tournantes et parlantes.

Il n'est pas surprenant que des hommes légers et qui ne sont pas profondément pénétrés du sentiment religieux, se laissent entraîner par l'amour du merveilleux dans ces voies ténébreuses ; mais ce qui étonne, c'est que des chrétiens éclairés de la pure lumière de la foi, ne soient pas suffisamment défendus contre ces étranges aberrations par l'instinct ordinairement si sûr de la vraie piété. Comment ne sentent-ils pas tout ce qu'il y a de condamnable dans des opérations qui ont pour but avoué d'établir des rapports directs avec un ordre de choses dont l'entrée nous est interdite ?

Sont-ce les anges et les âmes des saints, leur dirons-nous, dont vous recherchez le côm-merce dans vos puériles expériences ? Vous croyez donc que le Créateur a soumis ces sublimes esprits à vos volontés et à tous les caprices de vos fantaisies ? Jusqu'ici, appuyés sur la doctrine des saintes Écritures et sur l'enseignement de l'Église, nous avions cru que ces intelligences si parfaites étaient entre les mains de Dieu de nobles instruments, dont il se sert pour exécuter ses volontés souveraines; nous aimions à nous les représenter comme des ministres fidèles entourant son trône, toujours prêts à porter ses ordres partout, à annoncer ses mystères, à remplir les missions que sa miséricorde ou sa justice leur confie.

Nous savions de plus que Dieu, dans son ineffable amour pour les hommes, « a recommandé chacun de nous à la vigilance de ces esprits célestes, afin qu'ils nous gardent dans nos voies et nous défendent contre tous les périls (1). » Nous bénissions la bonté divine de

---

(1) *Quoniam angelis suis mandavit de te, ut custodiant te in omnibus viis tuis... ne forte offendas ad lapidem pedem tuum.* (Psalm. xc, 11, 13.)

ses délicates attentions, et la pensée que nous étions sans cesse sous les yeux et sous la protection de ces messagers célestes, nous pénétrait d'une profonde vénération et d'un respect affectueux pour leur présence. Telle est en effet l'idée que la foi nous donne de ces saintes et pures intelligences et des sublimes fonctions qu'elles remplissent. Mais était-il jamais venu dans la pensée d'un chrétien que Dieu eût créé ces esprits si élevés, qui sont ses amis et les princes du ciel, pour en faire les esclaves de l'homme ? qu'il les eût mis aux ordres de notre indiscrète curiosité ? qu'il les eût, pour ainsi dire, enchaînés à tous les meubles qui décorent nos appartements, et qu'il voulût enfin les contraindre à répondre à l'appel injurieux qu'on leur adresse en tourmentant une table sous la pression des mains ?

Nous avons bien lu dans les Livres sacrés que l'homme a été fait roi de la terre, et que, à ce titre, il a reçu l'empire sur tous les animaux créés pour son usage ; mais nous ne voyons nulle part qu'il ait été établi roi du ciel, et que les célestes hiérarchies aient été assujetties à ses volontés si mobiles et si souvent

injustes. Il n'y a donc rien moins dans les e
riences auxquelles vous vous livrez qu'une
profanation de la sainteté de l'œuvre divine, et
une insulte grossière au bon sens chrétien.

Que dirons-nous maintenant à ceux qui ne
craignent pas de s'adresser à l'enfer pour en
évoquer l'esprit de Satan? Car c'est à cet esprit malin que l'on fait jouer le rôle principal
et le plus ordinaire.

Certes, ce n'est pas nous qui mettons en
doute l'intervention funeste des anges déchus
dans les choses humaines.

Nous ne savons que trop qu'ils sont pour
l'homme de méchants conseillers, qu'ils
sèment sous ses pas les piéges séducteurs,
qu'ils réveillent les passions assoupies en
agissant sur l'imagination, et qu'ils fomentent
le foyer impur de la triple concupiscence.
Mais nous savons aussi que Jésus-Christ, par
la victoire qu'il a remportée avec la croix, « a
mis dehors le prince de ce monde (1); » que
la puissance extérieure du démon, dont nous
rencontrons si souvent les tristes effets au

(1) *Nunc princeps hujus mundi ejicietur foras.* (Joan. xii
31.)

temps du Sauveur et dans les âges précédents, a été singulièrement affaiblie, et qu'elle ne s'exerce plus d'une manière sensible sur l'homme régénéré, que dans les circonstances rares que Dieu permet dans les desseins de sa justice et quelquefois de sa miséricorde. Pourquoi faut-il qu'il se trouve des hommes assez imprudents pour essayer de relever l'empire de cet éternel ennemi du genre humain, pour provoquer l'ancien serpent tout meurtri « du coup de pied que la Femme lui a porté à la tête (1), » et pour l'inviter en quelque sorte à régner de nouveau sur la terre ?

Comment peut-on enfin envisager sans frayeur, regarder comme exemptes de péril pour le salut éternel ces communications avec les esprits de l'abîme ? Démons ou damnés, ils sont les uns et les autres les victimes de la justice divine ; Dieu les a maudits, il les a retranchés de la vie, qui est en lui seul. Et vous, qui aspirez à l'amitié et à l'éternelle possession de Dieu, pouvez-vous croire qu'un commerce familier vous soit permis avec ceux qui sont

(1) *Ipsa conteret caput tuum.* (Gen. III, 15.)

7

dans la mort éternelle ? Nos rapports av
êtres dégradés et malfaisants ne peuvent
que des rapports de haine, de malédiction,
répulsion absolue, et vous voudriez, vous, en
établir d'amusement, de curiosité, je dirais
presque de bienveillance ! Avez-vous donc oublié la parole de S. Paul : « Il ne peut exister
de commerce entre la lumière et les ténèbres,
ni d'alliance entre Jésus-Christ et Bélial (1) ; »
et cette autre du même apôtre : « Nous ne
pouvons participer en même temps à la table
du Seigneur et à la table des démons (2) ; » et
enfin la terrible réponse d'Abraham au mauvais riche, qui demande que Lazare vienne répandre une goutte d'eau sur sa langue embra-
sée : « Entre nous et vous il y a un abîme, en
sorte qu'on ne peut passer d'ici vers vous, ni
venir ici du lieu où vous êtes (3). » Ainsi tout se
réunit pour vous faire repousser les pratiques

(1) *Quæ societas luci ad tenebras? Quæ autem conventio Christi ad Belial.* (II Cor. VI, 15.)

(2) *Non potestis mensæ Domini participes esse et mensæ dæmoniorum.* (I Cor. X, 21.)

(3) *Inter nos et vos chaos magnum firmatum est : ut hi qui volunt hinc transire ad vos non possint, neque inde huc transmeare.* (Luc. XVI, 26.)

dont il est question ; tout vous les montre impies, superstitieuses, condamnables à toutes
sortes de titres.

Est-il nécessaire, après ce que nous avons
dit, que nous parlions des communications
avec ces âmes déjà séparées de nous, mais qui
ne sont pas encore unies à Dieu, attendant
dans le Purgatoire le jour de la délivrance?
L'Église a déterminé nos rapports avec ces
âmes saintes; elle veut que nous les consolions
par un souvenir pieux, que nous intercédions
pour elles, que nous leur appliquions le mérite
de nos suffrages et de nos bonnes œuvres.
Mais l'Église ne peut approuver que nous plon-
gions notre regard dans ce lieu d'expiation et
de larmes, autrement que pour en rapporter
une crainte salutaire pour nous et une utile
compassion pour ces âmes souffrantes; bien
moins encore que nous insultions à leur misère
en voulant les faire servir à la satisfaction de
notre vaine curiosité. Ah! dans un sentiment
de respect pour la douleur qui les oppresse,
ne leur demandons jamais d'autres paroles que
ce cri touchant par lequel elles implorent sans
cesse notre pitié : « Ayez pitié de nous, ayez

pitié de nous, vous du moins qui êtes nos
amis : car la main du Seigneur s'est appesantie sur nous : *Miseremini mei, miseremini mei,
saltem vos amici mei, quia manus Domini teti-
git me* (1). »

II

Vous avez déjà lu sans doute, nos très-chers
coopérateurs, ce que plusieurs écrivains catholiques et plusieurs évêques ont écrit sur les funestes expériences des tables dites *tournantes*
ou *parlantes,* et vous avez dû comprendre le
danger caché sous ce prétendu amusement. Ne
serait-il qu'un jeu frivole, une supercherie de
prestidigitateur, inventée pour s'égayer aux
dépens de quelques spectateurs peu clair-
voyants et trop crédules, qu'un ecclésiastique
devrait s'en abstenir, comme d'un amusement
peu conforme à la gravité que les saints canons
prescrivent aux ministres du Seigneur ; et de

(1) Job XIX, 21.

plus, l'abus que l'on en a fait si fréquemment pour jeter la perturbation dans les âmes faibles, dans les familles et dans la société, suffirait à le rendre détestable.

Mais il est à craindre, et nous pouvons le dire sans exagération et sans nous prononcer positivement sur la cause véritable du mouvement et des réponses de ces tables, il est à craindre que l'esprit de mensonge et de malice ne soit le principal agent dans ces choses surprenantes, dont on s'est tant occupé ; et ce qui du moins nous paraît incontestable, c'est que consulter sérieusement les tables sur ce qui n'est point connu des personnes qui imposent leurs mains sur elles, c'est interroger indirectement les puissances de l'enfer. C'est vous dire, nos très-chers coopérateurs, que vous ne devez participer en aucune manière, sous quelque prétexte que ce soit, pas même par votre simple présence, à ces dangereuses expériences.

III

EXTRAIT D'UN MANDEMENT DE MGR DE MAZENOD, ÉVÊQUE DE MARSEILLE, SUR LES BONS ET LES MAUVAIS ANGES.

Après avoir mûrement examiné la question , après avoir soigneusement interrogé même les hommes du monde qui, ayant vu et entendu, sont d'ailleurs, par leur science, les plus compétents pour nous rendre compte , soit des moyens employés afin d'obtenir ce que l'on appelle les réponses des esprits, soit de ces réponses elles-mêmes dans leurs formes variées ; après avoir lu plusieurs ouvrages sérieusement écrits sur ce sujet, ainsi que les sages avertissements donnés à leurs ouailles par plusieurs de nos vénérés collègues, nous déclarons, par notre autorité d'évêque et de pasteur, et en vertu des pouvoirs que nous tenons de Jésus-Christ, défendre à nos diocésains de se prêter aux pratiques qui ont pour objet une évocation quelconque des esprits.

Nous sommes mus dans cette déclaration par la connaissance que nous avons de l'entraînement avec lequel un trop grand nombre de personnes se livrent, parmi nous, aux pratiques dont il s'agit. On doit s'abstenir, n'importe par quel mode d'opération on agisse, soit qu'on fasse tourner des tables ou autres meubles, soit qu'on procède avec un appareil scientifique ou de toute autre façon sérieuse ou puérile, et cela quand même on n'aurait en vue qu'un but de curiosité et de récréation. On n'est que trop fondé à croire, si l'effet provoqué s'ensuit, que le démon s'est glissé à travers ces jeux, comme un serpent sous l'herbe, pour venir nuire aux téméraires qui l'ont appelé.

IV

EXTRAIT D'UNE CIRCULAIRE DE MGR BOUVIER,
ÉVÊQUE DU MANS.

On a dit que les tables, étant interrogées, ont très-intelligiblement répondu, par des coups ou d'autres mouvements sensibles, aux questions qui leur étaient adressées. Les faits nous ont paru si extraordinaires et si absurdes, que nous avons commencé par les nier absolument. Mais ils se multiplient de telle sorte, sont attestés par tant de personnes dignes de foi, qui certainement ne veulent pas tromper et ont pris toutes les précautions possibles pour ne pas être trompées elles-mêmes, que nous ne voyons plus moyen de les nier encore ; autrement il faudrait douter de tout : car des faits revêtus de ces conditions sont élevés au degré de la certitude historique.

Ces faits une fois admis comme certains, il en faut chercher la cause. Où la trouver? Ce n'est pas dans la nature physique, puisqu'ils présentent, comme on le suppose, des traces visibles d'intelligence. On ne peut les attribuer à Dieu, aux anges, aux saints ; de telles manifestations seraient indignes d'eux. La conséquence est qu'on ne peut leur assigner une autre cause que le grand séducteur du monde et ses immondes satellites.

Nous avons voulu connaître et examiner les diverses explications qu'on a données ; aucune, nous devons le dire, ne nous a paru admissible, à part celle que nous donnons ici, et que d'autres déjà ont cru devoir à leur conscience de signaler aussi. Certaines prédispositions physiologiques favorisent peut-être quelques phénomènes, mais elles ne peuvent résoudre la question telle qu'elle est posée aujourd'hui. En effet, lorsque vous interrogez une table, à qui parlez-vous? Est-ce à la table elle-même? Mais vous savez qu'elle n'est qu'une vile matière, que par elle-même elle n'a ni sentiment ni idée, qu'elle est incapable de saisir vos questions et d'y répondre. Vous supposez donc qu'en elle il y a un esprit, et vous n'avez pas la pensée que ce soit Dieu ou l'un des saints du paradis. C'est donc, par la force des choses, que vous le vouliez ou que vous ne le vouliez pas, à l'un des mauvais esprits dont le monde est rempli que vous adressez la parole; ou bien c'est un mort que vous interpellez pour l'obliger à venir, contre l'ordre établi, parler aux vivants. Cela peut-il être permis? L'Église, colonne et fondement de la vérité, l'a constamment défendu. De tout temps, elle a condamné et prohibé sous des peines sévères les pratiques de divination, de magie, de sortilége, d'évocation des morts, ces moyens de rapports avec le monde surnaturel opposés aux lois ordinaires que suit la Providence dans la direction des hommes.

Suivons avec simplicité cet ordre commun, et n'allons pas, pour satisfaire une vaine curiosité, nous impliquer dans des manœuvres plus que suspectes, et réprouvées par la plus haute et la plus sainte autorité qui soit sur la terre.

Au temps de Tertullien, chez les Romains, on évoquait les morts par des sortiléges qu'il décrit, on opérait aussi dans ce temps-là des pratiques *rotatoires* (1) où l'on faisait parler les chèvres et les tables (2).

Ce sont donc les superstitions tant décriées des anciens païens qu'on renouvelle de nos jours, au XIXᵉ siècle si fier de ses lumières !

Mais est-il croyable qu'un esprit vienne ainsi se mêler à des jeux d'enfants ? Quel plaisir peut-il goûter dans ces puérilités ? Que lui revient-il des entretiens qu'on lui suppose avec les curieux qui s'amusent à l'interroger ? Pourquoi, et d'où viennent si souvent des réponses hasardées, embrouillées, contradictoires ?

Nous ne nous chargeons pas de résoudre ces difficultés et beaucoup d'autres qui pour-

_____

(1) *Multa miracula circulatoriis præstigiis ludunt.*

(2 *Per quos* (dæmones) *et caprœ et mensœ divinare consueverunt.* (*Apolog.*, n. 23.)

raient aussi être soulevées. Les faits sont-ils vrais ou ne le sont-ils pas ? S'ils ne le sont pas, il faut les rejeter ; s'ils sont constants, il faut en chercher la cause.

Dans le cas où ils surpassent visiblement les forces de la nature, ils ne peuvent être attribués qu'à l'intervention d'une puissance occulte et spirituelle, bien que nous ne connaissions pas sa manière d'opérer.

Les agents de cette puissance ne sont pas, comme Dieu, présents partout à la fois ; ils ne voient pas au fond des cœurs et ne connaissent les futurs libres que par conjectures. De là vient que souvent ils se trompent dans leurs jugements, dans leurs appréciations, dans l'essai qu'ils font de certains moyens pour séduire et gagner les âmes. Peu scrupuleux d'ailleurs, ils affirmeront ou nieront sans être sûrs de ce qu'ils disent, souvent même ils mentiront exprès : car le diable, lorsqu'il parle de son propre fonds, est menteur et père du mensonge (1).

_____

(1) *Cum loquitur mendacium ex propriis loquitur, quia mendax est et pater ejus.* (Joan. VIII, 44.)

Leur but est de nous attirer à eux afin de nous porter au mal. Pourvu qu'ils y arrivent, tout leur est bon. Si, dans ce qu'ils font, rien ne paraît d'abord de condamnable, c'est que, par ruse, ils veulent s'insinuer plus aisément dans nos idées et nos sentiments, se mettre en rapport avec nous sous divers prétextes, et arriver à disposer de nous selon leurs désirs, comme Satan entra dans Judas (1), et nous savons où il le conduisit.

Au reste, ne jugeons pas de ces faits uniquement par ceux dont nous avons pu être témoins, ou qui se seraient accomplis dans quelques réunions chrétiennes, où l'on aurait repoussé toute pensée de se prêter au mal. Ailleurs on est allé beaucoup plus loin. Si nous relations ici, d'après des témoignages nombreux et dignes de foi, ce qui se passe en Allemagne, par exemple, mais beaucoup plus encore en Amérique, nous serions effrayés du point où l'on est arrivé.

Ne devons-nous pas gémir profondément en voyant d'innombrables multitudes d'incrédules

_____

(1) *Et post buccellam introivit in eum satanas.* (*Ibid.*, XIII 27.)

à la foi chrétienne s'enrôler sous la bannière de cette religion nouvelle? En faut-il davantage pour nous faire comprendre le danger de ces expériences téméraires?

Nous ne pouvons donc, N. T. C. F., que condamner toute participation à ces pratiques superstitieuses, qui semblent destinées à être la honte de l'incrédulité moderne, comme les convulsions et les convulsionnaires, avec leurs incroyables folies, furent l'opprobre du jansénisme.

V

Extrait d'une lettre pastorale de Mgr Turgeon, archevêque de Québec, concernant les tables tournantes.

On prétend interroger les tables tournantes et les faire parler; on veut s'en servir comme d'un moyen pour connaître l'avenir et les choses les plus secrètes, pour évoquer les âmes des morts, pour les obliger à répondre aux questions qu'on juge à propos de leur faire, à révéler les mystères de l'autre monde, enfin à dire tout ce qu'on veut leur faire dire. Ainsi on se laisse aller aux illusions les plus

dangereuses, et l'on tombe dans une superstition dont les conséquences sont épouvan-
tables. Voilà l'abus que nous devons réprou-
ver; voilà aussi le mal que nous nous hâtons
de condamner et contre lequel nous voulons
vous prémunir.

Et comment ne verriez-vous pas, N. T. C. F.,
qu'en cherchant ainsi à interroger le bois et
les esprits de l'autre monde, on cherche à faire
revivre dans le sein de l'Église de Dieu les
monstrueuses erreurs et les superstitions damnables, qui firent de tous temps la honte et le
malheur des nations païennes?

Que prétendez-vous lorsque vous adressez
la parole à cette table en mouvement, et que
vous lui demandez une réponse?... Vous se-
riez-vous persuadé qu'elle peut vous entendre, vous comprendre, et que, plus éclairée
que vous, elle va lire dans vos pensées ou
vous révéler ce que vous ignorez?

Non, car vous savez qu'elle est privée de
sentiment et dépourvue d'intelligence. Auriez-vous la prétention d'évoquer par son
moyen les âmes des morts? Et quelles sont
donc ces âmes avec lesquelles vous voudriez

vous mettre en rapport, et que vous auriez la
présomption de contraindre à venir répondre
à vos questions indiscrètes? Seraient-ce les
âmes des réprouvés ? Mais Dieu n'a-t-il pas
mis entre ces âmes malheureuses et vous un
chaos immense, qui les empêche de vous entendre; et ne les tient-il pas en réserve sous le
poids de sa justice dans les profondes ténèbres
où il les a précipitées, avec les anges prévari-
cateurs, en attendant le grand jour du jugement (1)? Seraient-ce les âmes des élus de
Dieu? Mais quoi! auriez-vous l'impiété de
croire que vous pouvez commander à ces âmes
saintes, les arracher du sein de Dieu où elles
reposent, pour en faire l'objet de votre cou-
pable curiosité?... Non, les élus de Dieu sont
en sa main (2), et personne ne peut les lui ra-
vir (3). Unis intimement à Dieu, ils voient
tout en Dieu, ils entendent tout en Dieu, ils
n'agissent que selon la volonté de Dieu. Ils
sont nos frères, il est vrai, et Dieu, dans sa
miséricorde, a voulu pour notre consolation

(1) Jud. 6.
(2) Sap. iii, 1.
(3) Joan. x, 28.

et notre bonheur qu'il y eût entre eux et nous
une sainte communication; mais ces rapports
et cette communication avec les âmes justes,
nous ne pouvons les lier et les entretenir que
par le moyen de la religion, qui nous fait louer
Dieu dans ses saints, et par d'humbles et fer-
ventes prières pour le soulagement de celles
qui sont encore en souffrance, ou pour implorer l'assistance de celles qui sont entrées dans
la gloire.

Quels esprits viendraient donc vous répondre auprès de ces tables qui se remuent
et qui frappent, pour attester leur présence et
interpréter leurs pensées? Seraient-ce les esprits immondes, les anges de Satan? Nous
savons que ces esprits déchus, qui ont été ho-
micides dès le commencement du monde (1),
rôdent sans cesse pour perdre les hommes (2),
qu'ils ne cessent de leur tendre des embûches,
qu'ils les tentent, qu'ils emploient mille ruses
pour les pousser au mal et les faire tomber
dans l'abîme. Mais nous avons appris aussi
des divines Écritures, que Jésus-Christ, par la

(1) Joan. VIII, 44.
(2) I Petr. 58.

victoire qu'il a remportée par sa croix, a mis dehors le prince de ce monde (1), qu'il a fait taire ses oracles, qu'il a détruit l'empire que cet ancien serpent exerçait sur les nations (2), qu'il l'a enchaîné et jeté dans l'abîme (3), afin qu'il ne puisse plus les séduire comme il faisait ; en sorte que sa puissance a été singulièrement affaiblie, et qu'il ne lui est donné d'en faire usage d'une manière sensible sur l'homme régénéré que dans des circonstances rares, où Dieu le permet suivant les desseins de sa justice ou de sa miséricorde. Ce qui lui en reste, il ne l'exerce plus ordinairement que sur les âmes des méchants, qui se laissent entraîner à ses tentations, et à devenir ses esclaves en commettant le péché, qui est son œuvre. Il n'est donc pas en son pouvoir de communiquer extérieurement autant qu'il le voudrait avec les hommes, pour mieux les tromper et les induire en erreur. Il se réjouit bien et il triomphe, lorsqu'il se trouve des hommes assez pervers et assez perdus pour vouloir cher-

(1) Joan. xii, 31.
(2) Apoc. xii, 9.
(3) *Ibid.*

cher des moyens de se mettre en communication avec lui; mais il ne peut pas toujours répondre à leur appel. N'allez donc pas croire légèrement à sa présence ou à son action dans cette agitation et dans ce trépignement des meubles sous la pression de vos mains, ni prendre pour des oracles les réponses que vous croyez obtenir. Vous pouvez le craindre et vous devez le craindre : car c'est bien le juste châtiment auquel s'exposent les hommes présomptueux qui s'en vont demander aux esprits les secrets du passé et de l'avenir, du ciel et de l'enfer; ils sont bien dignes que Dieu les livre à l'esprit d'erreur et de mensonge, ceux qui, n'étant pas contents des lumières qu'il leur communique dans son Église, ont la témérité de chercher la vérité hors de son sein. Mais ce Dieu de miséricorde, qui a racheté les hommes à un si grand prix (1) de la tyrannie de Satan, a pitié d'eux, il veut que tous soient sauvés (2), il les attend avec patience à la pénitence (3). C'est pourquoi aussi il ne

(1) I Cor. VI, 10.
(2) Tim. II, 4.
(3) Rom. II, 4.

les châtie pas toujours comme ils le méritent , et ne les abandonne que rarement aux prestiges et à toute la malice de l'ennemi de leur salut.

Il reste donc à conclure , N. T. C. F., que toutes ces réponses, tous ces oracles, toutes ces révélations que vous croyez obtenir, au moyen des tables ou de tout autre objet mis en mouvement par nous ne savons quel agent, ne viennent ni des âmes trépassées, ni des anges de Dieu, ni même probablement des anges de ténèbres ; que ce ne sont que des effets, des produits de votre imagination exaltée, ou le reflet, l'écho de vos propres pensées ; et, par conséquent, que si vous vous persuadiez que ce sont vraiment des esprits qui vous répondent, vous tomberiez dans une illusion digne des païens. Nous ajoutons que si vous vous adonniez très-sérieusement à ces expériences, avec l'intention d'obtenir par là de véritables réponses à vos questions, vous vous rendriez coupables d'une espèce de superstition très-criminelle, qu'on appelle divination.

En quoi consiste en effet la divination?

Selon tous les docteurs de l'Église, elle consiste à avoir recours au démon pour découvrir des choses cachées dont nous ne pouvons
acquérir la connaissance par des moyens naturels. Or, à quel autre qu'au démon vous
adresseriez-vous, si vous aviez la présomption
de vous servir sérieusement des tables tournantes pour connaître ces choses? Serait-ce
aux anges de Dieu? Non, ce serait les outrager.
Aux saints du ciel, aux âmes justes du purgatoire? Non, nul autre que Dieu n'a de puissance sur elles, et il ne veut pas les mettre aux
ordres de notre criminelle curiosité, qui l'of-
fense. Ce serait donc au démon, qui seul
pourrait consentir à favoriser vos coupables
désirs.

Avoir des communications avec le démon,
avoir recours à cet ennemi de Dieu et des
hommes, et lui rendre ainsi une espèce de
culte! Cette pensée vous effraye et vous fait
frissonner d'horreur, oui, nous le savons.
C'est cependant, N. T. C. F., le crime de
ceux qui, par quelque moyen que ce soit,
s'obstinent à vouloir interroger les esprits pour
connaître les choses qu'il a plu à Dieu de nous

cacher, puisque nul autre esprit que Satan ne peut se présenter pour leur répondre.

Est-il nécessaire, après cela, que nous ajoutions que la divination, — et il faut en dire autant de toute espèce de superstition, — est un péché très-grief de sa nature? que Dieu lui-même nous déclare qu'il a en horreur les enchanteurs et les devins qui consultent les morts? qu'il défend aux enfants d'Israël d'en souffrir au milieu d'eux (1)? qu'il prononce contre eux la peine de mort (2), qu'il menace de sa colère et de faire mourir lui-même tous ceux qui osent les consulter (3)? Et nous ne devons point être surpris de la rigueur de ces jugements, N. T. C. F., puisque toute superstition, sous quelque forme qu'elle se produise, est essentiellement une espèce d'idolâtrie, c'est-à-dire un culte exécrable rendu à l'esprit de Satan. Car c'est toujours ce malin esprit que

---

(1) *Nec inveniatur in te qui ariolos sciscitetur et observet somnia atque auguria. Nec sit incantator, neque qui pythones consulat, nec divinos, aut quærat a mortuis veritatem : omnia hæc abominatur Dominus.* (Deut. xviii, 10, etc.)

(2) *Maledicos non patieris vivere.* (Exod. xxii, 18.)

(3) *Anima quæ declinaverit ad magos et fornicata fuerit cum eis, ponam faciem meam contra eam et interficiam de medio populi mei.* (Levit. xx, 6.)

l'on y invoque, soit explicitement soit implicitement, et à qui l'on fait jouer le rôle principal dans tout ce qui s'y rapporte.

Concluez donc avec nous, N. T. C. F., que l'emploi de ces tables ou de tout autre objet se mouvant sous la secrète influence d'une cause inconnue, pour consulter les âmes des morts ou nous ne savons quels autres esprits, doit être rangé parmi les pratiques superstitieuses de leur nature, et que vous ne pourriez vous y adonner sérieusement sans vous rendre coupables d'une faute très-grave en elle-même et dans ses conséquences. . . . . . .

Ce que nous voulons, c'est vous montrer tout ce qu'il y a de superstitieux et de sacrilége dans la pensée de se servir sérieusement des tables tournantes pour évoquer les morts et interroger les esprits; ce que nous voulons, c'est que vous compreniez bien tout ce qu'il y a d'absurde, de téméraire et d'impie dans la prétention de connaître par ce moyen les secrets de la vie présente, et de sonder les mystères de la vie future; notre intention enfin est de vous ouvrir les yeux sur les conséquences funestes de ces coupables pratiques.

Déjà, en effet, elles ont produit leurs fruits, fruits de mort et dignes de l'enfer. Que d'erreurs, que d'extravagances, que de crimes, que de malheurs n'ont-elles pas enfantés chez nos voisins des États-Unis, où elles ont fait d'abord leur apparition! Déjà elles ont donné naissance à une secte de visionnaires impies, dont toute la religion paraît se borner à rendre un culte sacrilége aux esprits avec lesquels, dans leur illusion fantastique, ils s'imaginent avoir un commerce familier. Déjà les communications et les révélations de ces prétendus esprits ont porté chez ce peuple le trouble dans la société, la désunion dans les ménages, le désordre et le déshonneur dans les familles, et ont fini par conduire une multitude de personnes dans les asiles d'aliénés.

A quels temps sommes-nous arrivés! Serions-nous condamnés à voir toutes les folies et toutes les abominations du paganisme se renouveler au milieu des nations chrétiennes? Faut-il qu'il se trouve chez elles des hommes assez impies pour tenter de relever l'empire et la tyrannie de Satan, tombés devant la croix de Jésus-Christ!

Quoi qu'il en soit, N. T. C. F., les voilà, chez ces peuples aveugles, les conséquences de ces audacieuses interrogations adressées aux esprits.... Craignons d'attirer sur nous-mêmes ces châtiments terribles en imitant leur impiété. Ayez en horreur, comme un crime qui outrage la sainteté de Dieu, toute espèce de superstition. Qu'on n'entende plus parler parmi vous de ces tentatives pour évoquer les morts et pour consulter les esprits au moyen de ces tables tournantes. Craignez de tomber dans les piéges de Satan en cherchant à avoir des communications avec les esprits par de semblables moyens, et d'entrer en commerce réel avec les anges de ténèbres en voulant vous entretenir avec les âmes des morts. Craignez qu'en punition de votre témérité Dieu ne vous · abandonne aux illusions du démon. Et ce juste châtiment ne serait-il pas déjà commencé parmi nous? N'a-t-on pas cru entendre auprès de quelques-unes de ces tables de divination comme des blasphèmes, des impiétés et des obscénités? Les prétendues réponses de ces tables n'ont-elles pas aussi porté atteinte à l'honneur des personnes? Enfin, la main de

Dieu ne s'est-elle pas appesantie aussi chez nous sur quelques-uns, qui ont perdu la raison pour avoir ajouté foi aux réponses de ces esprits?

Gardez-vous donc de provoquer davantage la colère de ce Dieu jaloux par ces dangereuses expériences, qui vous conduiraient visiblement à de coupables rapports avec son ennemi et le vôtre. Souvenez-vous que vous avez renoncé à Satan, à toutes ses œuvres et à tout commerce avec lui; que par le baptême vous êtes devenus enfants de Dieu, enfants de lumière et membres de Jésus-Christ. Point de société entre les enfants de Dieu et de Satan; point de société entre les enfants de lumière et le prince des ténèbres; point de société entre Jésus-Christ et Bélial (1), *etc.*

VI

Extrait d'une Lettre synodale de Mgr Pie, évêque de Poitiers.

Il n'est aucun de vous, Messieurs et chers coopérateurs, qui n'ait entendu parler des

(1) II Cor. VI, 14.

tables tournantes, des *esprits frappeurs*, des divers phénomènes magnétiques aboutissant au *somnambulisme* factice et à la *claire intuition*... Nous ne voulons donc pas omettre de porter à votre connaissance une Encyclique récente de la Congrégation du Saint-Office, dirigée contre ces observances coupables et adressée à tous les évêques, avec injonction formelle de « mettre en œuvre tous les moyens que leur suggérera la sollicitude pastorale pour arrêter et extirper ces abus, de telle sorte que le troupeau du Seigneur soit défendu des incursions de l'homme ennemi, que le dépôt de la foi soit conservé pur et intact, et que les fidèles soient préservés de la corruption des mœurs (1). »

Vous remarquerez, Messieurs, que ce nouveau Décret de la Sainte-Inquisition ne condamne pas plus que les précédents l'usage du magnétisme en lui-même, et l'emploi qui peut en être fait par la médecine sous toute réserve de prudence et de convenance. Mais il répète ce qu'avait dit le Décret du 28 juillet 1847, « que l'application des prin-

(1) Décret du 30 Juillet 1856.

cipes et des moyens purement physiques à des objets et à des effets vraiment surnaturels pour les expliquer physiquement, n'est qu'une tromperie tout à fait condamnable et une pratique hérétique. » Il flétrit en outre « la prétention qu'ont certaines personnes, au grand détriment du salut de leurs âmes et même au préjudice de la société humaine, d'avoir trouvé un moyen de prédire et de deviner, et d'être parvenues par ce qu'on appelle la *claire intuition* à voir les choses les plus invisibles »; il signale « l'audace té méraire avec laquelle ces personnes s'arrogent la faculté de disserter sur les choses de la religion, d'évoquer les morts, de recevoir leurs réponses, de découvrir des choses inconnues et éloignées, et se livrent à d'autres superstitions de ce genre. » Enfin il déclare que, « quels que soient l'art ou l'illusion qui entrent dans tous ces actes, comme on y emploie des moyens physiques pour obtenir des effets qui ne sont pas naturels, il y a fourberie tout à fait défendue, manœuvre hérétique et scandale contre l'honnêteté des mœurs. »

Cette décision, rapprochée de plusieurs autres principes qui sont certains par l'Ecriture et par la tradition, vous fournira, Messieurs, des principes de solution par rapport à l'une des pratiques les plus dangereuses et les plus coupables : je veux dire *la communication avec les esprits*. La foi ne permet pas, *etc...* (Voir plus haut, pag. 72.)

Vous vous garderez donc bien, Messieurs, de conniver jamais en aucune façon à une faute aussi grave, à un mal aussi affreux, et vous ne négligerez aucune occasion de manifester votre horreur pour ces machinations diaboliques. Vous trouverez, je le sais, des personnes honnêtes, vertueuses, croyantes, qui assurent avoir reçu par cette voie des conseils et des renseignements utiles à leur salut. Mais vous savez comme moi qu'il arrive quelquefois à Satan de se transfigurer en ange de lumière. Et quand il serait vrai, d'ailleurs que, dans certains cas particuliers, la Toute-Puissance divine aurait forcé cette bouche infernale, qui ne sait ordinairement que mentir et souiller, à rendre des oracles de vérité et de vertu, tout en admirant la conduite de la Providence,

qui aurait tourné en occasion de salut ce
qui était en soi une occasion de ruine, nous
n'en devrions pas moins affirmer la culpabilité
de quiconque recourt à cette évocation, parce
que cette évocation est intrinsèquement illicite
et formellement prohibée. S'il était encore
vrai que cette évocation eût été utile en fait
à quelques incrédules, à quelques athées ou
déistes, qui auraient été amenés par ces phénomènes évidemment surnaturels à reconnaître
l'existence de tout un autre monde, qu'ils
avaient niée jusque-là ou avec lequel ils
croyaient tout rapport impossible, nous en
conclurions, ce que nous savions déjà par la
sainte Ecriture, que le démon ne prévoit pas
toujours les effets de ses actes (1). Enfin, notre
condescendance pastorale pourra étendre ses
ménagements jusqu'à s'abstenir de troubler
dans des persuasions qui leur sont chères,
quelques âmes pour lesquelles il semblerait
réellement que le mystère de la conversion
ait été mêlé à celui des curiosités téméraires,
qu'une certaine bonne foi pourrait absoudre
de faute formelle; mais il n'en demeurera

(1) I Cor. II, 8.

pas moins acquis qu'aucune conscience
éclairée ne peut se permettre ni cette évocation des morts, ni ce recours aux esprits quelconques, ni ces questions sur les secrets les
plus impénétrables de la vie présente et sur
les mystères de la vie future; il demeurera
acquis que la fréquentation des sacrements
est inconciliable avec ces observances, réprouvées par la loi de Dieu et de l'Église, et
nous proclamerons que les seuls rapports qui
nous soient permis avec les esprits, ce sont
les rapports surnaturels qui consistent dans
la prière, dans l'invocation des anges et des
élus, dans la méditation de leurs vertus, dans
le souvenir et l'imitation de leurs exemples,
dans la docilité à suivre les inspirations intérieures que leur intercession auprès de Dieu
peut faire arriver dans nos cœurs. De plus,
il demeurera constaté qu'au xixᵉ siècle, comme
aux âges les plus reculés et les plus ignorants, l'espèce humaine, qui est naturellement portée vers le merveilleux, ne se détourne
des merveilleuses réalités de la religion révélée
que pour se jeter dans les bras de la superstition
et de la magie.

A ceux qui allégueraient pour excuse que
ces choses sont faites par forme de jeu et de
divertissement, ou par simple esprit de curiosité, la réponse serait facile. Hélas! la curiosité eut une grande part dans le péché qui
a perdu nos premiers parents avec toute leur
descendance. Et quant au divertissement, c'est
le cas de citer la parole énergique de S. Pierre
Chrysologue : « Celui qui aura trouvé son
plaisir à jouer avec le diable ne sera pas admis
à se réjouir avec Jésus-Christ : *Qui jocari
voluerit cum diabolo, non poterit gaudere cum
Christo* (1). »

1) *Serm.* CLV, *de Kalend. Januar.*

FIN.

TABLE.

———

DU MÊME AUTEUR

LA QUESTION DU SURNATUREL

ou

LA GRACE, LE MERVEILLEUX, LE SPIRITISME AU XIX° SIECLE

Un volume charpentier. — 3 francs.

---◦◦◦---

POUR PARAITRE PROCHAINEMENT

LA FOI

ET

LA LIBERTÉ DE L'ESPRIT HUMAIN

ou

LA PENSÉE, LA SCIENCE, LA CONSCIENCE

DEVANT LA DOCTRINE CATHOLIQUE

PARIS. — IMP. ADRIEN LE CLERE, RUE CASSETTE, 29.

www.ingramcontent.com/pod-product-compliance
Lightning Source LLC
Chambersburg PA
CBHW050005100426

42739CB00011B/2516